LES PRINCIPAUX OBSTACLES

A LA

Vérification des Comptes de Bourse

ET DE LEURS REMÈDES

PAR

THÉOPHILE MÉMIN

DOCTEUR EN DROIT
LAURÉAT DE LA FACULTÉ DE DROIT DE PARIS
ANCIEN AVOCAT A LA COUR D'APPEL DE PARIS
ARBITRE-RAPPORTEUR PRÈS LE TRIBUNAL DE COMMERCE DE LA SEINE

PARIS

IMPRIMERIE ET LIBRAIRIE GÉNÉRALE DE JURISPRUDENCE

MARCHAL & BILLARD

MARCHAL & GODDE, Successeurs

ÉDITEURS, LIBRAIRES DE LA COUR DE CASSATION

27, Place Dauphine, 27

1912

DES PRINCIPAUX OBSTACLES

A LA

Vérification des Comptes de Bourse

ET DE LEURS REMEDES

DES PRINCIPAUX OBSTACLES

A LA

Vérification des Comptes de Bourse

ET DE LEURS REMÈDES

PAR

THÉOPHILE MÉMIN

DOCTEUR EN DROIT
LAURÉAT DE LA FACULTÉ DE DROIT DE PARIS
ANCIEN AVOCAT A LA COUR D'APPEL DE PARIS
ARBITRE-RAPPORTEUR PRÈS LE TRIBUNAL DE COMMERCE DE LA SEINE

PARIS

IMPRIMERIE ET LIBRAIRIE GÉNÉRALE DE JURISPRUDENCE
MARCHAL & BILLARD
MARCHAL & GODDE, Successeurs
ÉDITEURS, LIBRAIRES DE LA COUR DE CASSATION
27, Place Dauphine, 27

DES PRINCIPAUX OBSTACLES

A LA

Vérification des Comptes de Bourse

ET DE LEURS REMÈDES

---

1. — Les affaires de Bourse donnent lieu à un compte d'achats, ventes et opérations diverses, à un compte d'espèces, à un compte de marchandises ou de titres, ou tout au moins à l'un de ces comptes.

2. — Comme tous autres, le compte de Bourse est, en cas de contestation, sujet à vérification. Les articles dont il se compose doivent être justifiés par l'accord des parties, sinon par les pièces et registres de comptabilité et tous documents et renseignements annexes.

3. — A raison, notamment, des connaissances techniques qu'elle suppose et des recherches multiples et minutieuses qu'elle nécessite, la vérification des comptes litigieux de Bourse est, dans l'usage, confiée par les tribunaux à des experts ou à des arbitres-rapporteurs, et ce en conformité des articles 302 et suivants et 429 du Code de procédure civile. (Sur la distinction entre les experts et les arbitres rapporteurs, voir Cass. req., 25 mars 1902 et 19 juillet 1905, dans *Dalloz*, 1906, 1, 98 et la note.)

4. — La première question qui, n'eût-elle pas été

soulevée dès le début par les parties, peut surgir à tout moment (article 170 du Code de procédure civile) et dont, par suite, le tribunal et le mandataire de justice doit se préoccuper d'office, est celle de la compétence à raison de la matière (compétence *ratione materiæ*).

5. — Les affaires en marchandises de la Bourse du commerce sont des actes de commerce, en tant qu'elles consistent en achats de denrées et marchandises pour les revendre ou inversement (article 632 du Code de commerce).

Ainsi constituent des actes de commerce les **opérations** de spéculation de Bourse sur marchandises réalisées au moyen de marchés à terme et continuées pendant une période de plusieurs mois (Rennes, 26 février 1902, *Recueil du Havre*, 1902, 2, 38), ou encore l'achat et la vente de sucres intervenus dans un but de spéculation bien que celui qui s'y livre ne soit pas commerçant (Trib. com. Seine, 17 septembre 1908, *La Loi*, 22 octobre 1908).

6. — Les opérations de la Bourse des valeurs peuvent constituer un placement de fonds ou la réalisation d'un capital, de telle sorte qu'elles ne sont pas nécessairement par elles-mêmes des actes de commerce; mais elles peuvent revêtir ce caractère, à raison du but de spéculation que révéleraient les circonstances, telles que la nature des titres, le genre des opérations, la multiplicité de celles-ci, leur importance, leur continuité, leur persistance, leur réitération ou leur fréquence.

En ce sens, de nombreux arrêts de Cassation, notamment 5 juillet 1888 (*Dalloz*, 1889, 1, 120), 4 janvier

1893 (*Le Droit*, 21 février 1893), 7 février 1894 (*D.*, 1894, 1, 411), 20 novembre 1899 (*D.*, 1900, 1, 20; *Sirey*, 1901, 1, 187).

Voir aussi Paris, 5 mai 1896 (*Gazette du Palais*, 1896, 2, 407), Lyon, 27 octobre 1908 (*Revue des Opérations de Bourse*, 1909, 406), Tribunal de commerce de la Seine, 2 juillet 1896 (*G. P.*, 1896, 2, 392), 7 mai 1897 (*D.*, 1899, 2, 297), 31 mai 1911 (*Gazette des Tribunaux*, 25 août 1911, *Droit Financier*, 1911, 437), Trib. com. Saint-Etienne, 10 mars 1908 (*Moniteur judiciaire de Lyon*, 15 juin 1908).

L'opération à terme présente généralement le caractère d'une spéculation et l'achat au comptant constitue en principe un placement, mais des achats au comptant peuvent cependant avoir un but de spéculation et être ainsi commerciaux (Trib. com. Lyon, 8 mars 1907, *Gazette commerciale de Lyon*, 2 novembre 1907 et note; Trib. com. Nantes, 25 novembre 1905, *Recueil de Nantes*, 1906, 1, 171).

L'habitude n'est pas nécessaire pour caractériser l'acte de commerce, la spéculation pouvant se rencontrer même dans un fait unique (Trib. civil Seine, 27 janvier 1883; *Gaz. Pal.*, 1883, 1, 380; Trib. com. Lyon, 10 janvier 1911; *Droit Fin.*, 1911, 513).

7. — De l'habitude d'actes de commerce peut résulter la qualité de commerçant, l'article 1ᵉʳ du Code de commerce disposant que ceux qui exercent des actes de commerce et en font leur profession habituelle sont commerçants.

Ainsi l'agent d'affaires qui s'occupe exclusivement d'opérations de Bourse est commerçant. Il en est de même de celui qui se livre soit pour son compte personnel soit pour le compte de tierces personnes à des spéculations de Bourse d'une façon habituelle (Toulouse, 26 novembre 1907; *G. P.*, 1907, 2, 632).

Le remisier qui sert d'intermédiaire entre ses propres clients et l'agent de change auquel il les amène et qui réalise des gains ou éprouve des pertes sur les opérations qu'il fait ainsi faire, n'est pas un simple employé de l'agent de change; faisant profession de prêter habituellement son concours à des spéculations de Bourse, il est, comme tel, commerçant, et, par suite, peut être déclaré en faillite (Lyon, 23 janvier 1906; *Pandectes françaises*, 1906, 2, 290 et *Dalloz*, 1906, 5, 69; Trib. com. Marseille, 2 mars 1909; *Rec. Marseille*, 2 mars, 1909, 1, 207).

Est une dette commerciale celle qui résulte d'opérations de Bourse consistant dans l'achat et la revente de valeurs dans le but de réaliser un bénéfice. En conséquence, le débiteur de soldes dûs pour des opérations de Bourse est susceptible d'être déclaré en état de faillite (Lyon, 26 novembre 1883, *Mon. Lyon*, 16 déc. 1885.)

Peut être déclaré en faillite, à raison d'un passif résultant d'opérations de Bourse, le débiteur qui s'est livré à une série de spéculations sur des valeurs de Bourse devant se liquider par la levée ou la livraison de titres ou, à défaut, par des ventes ou rachats comportant des différences soit au crédit, soit au débit (Trib. com. Lyon, 29 nov. 1901; *G. P.*, 1902, 1, 95).

Les opérations de Bourse faites d'une façon courante dans un but de spéculation, revêtent le caractère commercial et sont de nature à faire déclarer la faillite (Lyon, 6 janvier 1905; *Mon. Lyon*, 17 juin 1905).

Des opérations d'achat sur le marché en banque de valeurs non cotées, dans un but de spéculation et non en vue de placements de père de famille, constituent des actes répétés de commerce permettant d'attribuer à celui pour le compte de qui elles sont faites, la qualité de commerçant et de le déclarer en faillite en cas de cessation de paiements (Trib. com. Seine, 22 janvier 1907 et, sur appel, arrêt confirmatif de la 9ᵉ Chambre dé la Cour de Paris, 6 avril 1908, *Le Droit,* 14 mai 1908).

La multiplicité des opérations de Bourse, non en vue de la simple administration de ses propres affaires, mais dans un but de spéculation et pour se procurer des bénéfices éventuels, justifie la mise en faillite de celui qui s'y livre, alors surtout que le spéculateur s'est laissé attribuer à lui-mème la qualité de commerçant dans les divers actes de la procédure (Aix, 22 juillet 1909, *Droit Financier*, 1911, 1, 164).

Jugé, au contraire, que n'est pas commerçant ni, par suite, susceptible d'être déclaré en faillite l'individu qui, tout en se livrant à des opérations de Bourse, non seulement avec ses propres fonds mais encore avec des capitaux empruntés ne le fait pas habituellement dans un but de spéculation (Orléans, 28 mars 1890, *G. P.*, 1890, 1, 740).

Jugé, aussi, qu'il ne suffit pas, pour qu'une personne puisse être déclarée en faillite, qu'elle ait fait un ou plusieurs actes de commerce; il faut qu'elle soit commerçante ou que, par leur nature, par leur nombre ou par leur importance, les actes de commerce auxquels elle s'est livrée constituent l'exercice d'une profession. Ainsi ne peut être considéré comme commerçant et, dès lors, ne peut être déclaré en faillite celui qui se livre à des spéculations de Bourse ne constituant pas l'exercice d'un commerce (Trib. com. Marseille, 12 déc. 1906; *Rec. Marseille*, 1907, 1, 142; *Droit Fin.*, 1907, 408).

Jugé, d'autre part, que ne peut être considéré comme

commerçant ni déclaré en faillite celui qui se livre à des spéculations de Bourse ne constituant pas l'exercice d'une profession (Aix, 19 février 1908, *Rec. Marseille*, 1908, 1, 231).

Jugé, enfin, par la Cour de Rouen, le 25 janvier 1911 (*G. P.*, 1911, 1, 358; *G. T.*, 31 mars 1911; *Droit Fin.*, 1911, 233), qu'il appartient aux tribunaux d'apprécier souverainement si, à raison de leur multiplicité, de leur importance et de leur nature, les opérations de Bourse effectuées par un donneur d'ordres, impliquent qu'il fait de ce genre d'affaires sa profession habituelle et s'il doit, par suite, être considéré comme commerçant et déclaré en faillite.

Spécialement, s'agissant d'opérations de Bourse successives, au nombre de soixante-quatorze, ayant consisté en achats et ventes à terme sur le marché en banque, portant sur trois valeurs déterminées (Rand Mines, De Beers, Cape Copper), faisant apparaître un mouvement de compte dépassant 1.170.000 francs et entraînant pour le spéculateur une perte finale de plus de 20.000 francs, on ne trouve pas le caractère d'habitude professionnelle de l'article 1er du Code de commerce dans ces opérations alors, d'une part, qu'elles ont été restreintes à ces trois valeurs et échelonnées sur une courte période (moins de deux mois), qu'elles ont été faites par un particulier spéculant occasionnellement à la Bourse et agissant pour son compte personnel avec ses seules ressources à son seul profit et alors que, d'autre part, il n'est pas établi que ce donneur d'ordres ait effectué ailleurs nombre d'opérations analogues (même arrêt).

Il importerait peu, d'ailleurs, que le donneur d'ordres ait accepté des lettres de change qui, n'ayant été créées que pour régler les différences résultant des opérations de Bourse, ne sauraient être retenues comme des actes distincts et indépendants de nature à apporter un élément susceptible de caractériser la profession habituelle (même arrêt).

8. — Ce n'est pas seulement l'opération en elle-même qui revêt le caractère commercial, mais encore tous actes, faits ou conventions s'y rattachant.

Ainsi le non-commerçant qui se livre à des opérations de spéculation de Bourse est justiciable du tribunal de commerce pour le mandat qu'il a donné à un agent de change ou à un intermédiaire en vue d'une de ces opérations, ce mandat étant réputé commercial (Cass., 4 juillet 1881 ; *D.*, 1882, 1, 104 ; *S.*, 1882, 1, 15 ; — Cass., 3 juin 1867 ; *S.*, 1867, 1, 322 ; *D.*, 1868, 1, 31 ; — Aix, 16 juillet 1861 ; *S.*, 1862, 2, 109 ; *D.*, 1863, 2, 71 ; — Rouen, 26 février 1902 ; *Rec. du Havre*, 1902, 2, 38).

De même, la convention de dépôt se rattachant à des opérations commerciales et qui en est l'accessoire et le moyen, doit, comme la demande principale elle-même, être déférée à la juridiction consulaire (Trib. civ. Seine, 21 mars 1898, *La Loi* et *Le Droit*, 15 mai 1898).

De même, encore, le compte courant, qui constitue un contrat n'ayant pas par lui-même un caractère commercial, revêt ce caractère lorsqu'il intervient entre deux commerçants et, indépendamment de la qualité des parties quand il a pour objet des opérations commerciales de leur nature (même jugement).

La demande du montant de billets ayant pour cause des différences sur opérations de Bourse est de la compétence du tribunal de commerce, alors même que le souscripteur n'est pas commerçant si les opérations par leur nombre, leur caractère de marchés à terme, constituent non des placements de fonds, mais des actes de spéculation (Trib. com. Seine, 1ᵉʳ décembre 1903, *Droit Fin.*, 1904, 17).

Un acte souscrit en règlement d'opérations de Bourse, dont il est la suite et l'accessoire, emprunte à ces opérations leur caractère commercial et le tribunal de commerce est compétent pour connaître du litige relatif audit acte (Trib. com. Nantes, 18 janvier 1905, *Rec. Nantes*, 1905, 1, 306).

La garantie que donnent les remisiers au sujet des opérations qu'ils engagent au nom de tiers doit être considérée comme une garantie commerciale les rendant justiciables des tribunaux de commerce (Trib. com. Marseille, 2 mars 1909, *Droit Fin.*, 1909, 302).

Cette garantie est fournie expressément, ou, dans le silence des relations à ce sujet, elle résulte, à défaut de stipulation contraire, de l'usage qui l'a créée pour le remisier dans la proportion de bénéfices concédée à cet intermédiaire par l'agent de change, banquier ou commissionnaire sur les opérations, en un mot dans la proportion de la part du remisier sur les courtages (Cour de Paris, 3ᵉ Ch., 6 mars 1896, *G. T.*, 12 septembre 1896 ; — Trib. com. Seine, 19 mars 1904, *Rec. Gaz. des Trib.*, 1904, 2ᵉ sem., 2, 73 ; — Trib. com. Lyon, 7 juillet 1905, *Gaz. Com. Lyon*, 4 novembre 1905 ; — Trib. com. Seine, 19 avril 1906, *La Loi*, 29 mai 1906 ; — Cour de Paris, 22 déc. 1908, *G. T.*, 23 avril 1909 ; — Trib. com. Marseille, 2 mars 1909, cité ci-dessus).

Suivant le jugement du tribunal de commerce de Lyon, du 7 juillet 1905, qui vient d'être cité, le remisier qui garantit les dettes des clients amenés par lui jusqu'à concurrence d'un taux déterminé par celui de la remise qu'il reçoit lui-même en retour des risques qu'il assure n'est pas une caution mais un assureur ducroire.

Aux termes du jugement du tribunal de commerce de la Seine, du 19 avril 1906, cité ci-dessus, peut opposer le bénéfice de discussion et demander que l'insolvabilité du donneur d'ordres soit établie, celui qui a touché des remises de 25 % sur les affaires traitées par ledit donneur d'ordres et qui, dès lors, est ducroire dans la même proportion, mais il ne peut exiger du banquier le règlement de son compte personnel et la restitution de titres remis en couverture avant que le compte du donneur d'ordres, débiteur principal, ait été apuré.

L'arrêt de la Cour de Paris, du 22 décembre 1908, cité ci-dessus, applique aux remisiers à la Bourse du commerce les mêmes règles qu'aux remisiers à la Bourse des valeurs, en distinguant entre le courtier et le remisier.

Le caractère propre du courtier, dit cet arrêt, est de servir d'intermédiaire entre deux commerçants pour les aider à conclure entre eux leurs opérations, et le courtage stipulé est dû au courtier sans qu'il y ait à rechercher si le marché intervenu sans son entremise a été exécuté; mais l'intermédiaire qui se borne à transmettre à un commissionnaire les ordres de ses clients et dont la rémunération doit consister en une quote-part des courtages dus par ses clients, ne saurait être considéré comme ayant la qualité de courtier; il doit être assimilé à un remisier qui a droit, sauf stipulation contraire, à une quote-part des courtages et est ducroire dans la même proportion, mais qui n'a jamais droit à ses remises qu'après encaissement.

Il convient de remarquer qu'on ne doit pas considérer comme remisier ducroire celui qui s'est borné à présenter un client à un banquier, et qui, en outre, demeure étranger aux ordres et ignore l'importance et l'aléa des opérations (Paris, 11 février 1908, *Droit Fin.*, 1908, 172 avec note). Le fait que des remises auraient été touchées en pareil cas peut ne pas être décisif (même arrêt), et est susceptible d'être diversement interprété suivant les circonstances. C'est ainsi que l'arrêt qui vient d'être cité a vu dans ces remises un paiement indû, sujet à restitution et que, dans d'autres circonstances, le jugement du Tribunal de commerce de la Seine du 19 avril 1906, analysé ci-dessus, y a trouvé la preuve que le bénéficiaire desdites remises n'ignorait pas les affaires du client présenté par lui puisqu'il en profitait.

Ci-après au n° 16, de nouveaux développements seront fournis au sujet des remisiers. Voir aussi ci-dessus au début du n° 7.

9. — Lorsque des opérations ayant l'apparence de spéculations commerciales se révèlent à l'examen comme constituant un jeu, le tribunal, même d'office, (notamment Amiens, 14 janvier 1859, *D.*, 1859, 2, 70; — Paris, 13 mai 1873, *D.*, 1873, 2, 240) fait application de l'article 1965 du Code civil aux termes duquel « La loi n'accorde aucune action pour une dette de jeu ou pour le paiement d'un pari ».

En décidant que, les achats et reventes d'effets publics constituant des actes de commerce, le mandat donné à un agent de change, même par un non-commerçant, en vue de semblables opérations, est également commercial et que, par suite, l'action de l'agent de change en remboursement de ses avances est de la compétence du tribunal de commerce, l'arrêt d'Aix du 16 juillet 1861, cité ci-dessus au n° 8, ajoute qu'il en est ainsi alors même que le défendeur opposerait l'exception de jeu; ici, dit l'arrêt, s'applique la règle que le juge de l'action est le juge de l'exception, surtout lorsque cette exception n'est pas dès à présent justifiée.

Les opérations qui ne sont pas sérieuses et ne constituent que du jeu n'ont pas le caractère d'actes de commerce (Cass., 27 juin 1883, *S.*, 1885, 1, 241 et note Labbé; *Dalloz*, 1883, 1, 114; — Paris, 24 juin 1884, 22 novembre 1884 et 16 avril 1885; *Sirey*, 1885, 2, 122. Voir toutefois Paris 28 décembre 1881. *S.*, 1885, 2, 122 et la note Labbé déjà citée).

De cette jurisprudence découlerait dès lors cette conséquence que, quel que soit l'intérêt du litige, la décision d'un tribunal de commerce en matière de Bourse pourrait toujours, du chef de l'article 1965 du Code civil, être soumise à la cour d'appel. En effet, en écartant, expressément ou non, cet article, les juges consulaires se reconnaissent en présence d'actes de spéculation commerciale; s'ils appliquent ledit article 1965, ils déclarent ou laissent entendre que l'acte échappe à la juridiction consulaire comme n'ayant de la commercialité que la seule apparence. L'exception de jeu n'est donc devant la juridiction consulaire qu'une forme d'incompétence matière.

10. — Lorsque se pose la question de compétence, soit de la part du défendeur (déclinatoire d'incompétence), soit d'office, les juges, pour s'éclairer sur leur compétence, peuvent, sans préjuger le fond, rechercher dans les documents de la cause le véritable objet de l'action (Cass., 25 juillet 1864, *D.*, 1864, 1, 489; *S.*, 1864, 1, 500), et ce, soit directement, soit par un mandataire de justice.

Le tribunal civil ne peut statuer en même temps sur la compétence et sur le fond (article 172 du Code de procédure civile). Le tribunal de commerce, au contraire, peut, en rejetant le déclinatoire d'incompétence, statuer sur le fond, à la seule condition que ce soit par deux dispositions distinctes, l'une sur la compétence — toujours susceptible d'appel — l'autre sur le fond (art. 425 du Code de procédure civile).

Si le tribunal de commerce n'a pas les éléments de fait de nature à lui permettre d'apprécier, non seulement le fond, mais même tout d'abord la compétence, il ordonnera sur le tout une instruction.

Le devoir du mandataire de justice sera, alors, si possible, de dégager tout d'abord les circonstances et documents relatifs à la compétence afin que, si la compétence apparaissait comme particulièrement douteuse, il puisse être loisible aux parties de se mettre d'accord, le cas échéant, pour requérir dépôt de rapport sur la compétence avant examen du fond.

Autrement, le rapport doit être établi à toutes fins, c'est-à-dire d'une part sur la compétence, d'autre part sur le fond.

Lorsque le tribunal, se jugeant suffisamment éclairé du chef de la compétence, retient la cause tout en ordonnant une instruction sur le fond, il se peut que, devant l'arbitre-rapporteur chargé de l'instruction, le défendeur s'abstienne de se présenter ou ne se présente que pour réitérer ses protestations contre la disposition de compétence et que, même, il interjette appel du chef de la compétence.

Ce fait est-il de nature à mettre obstacle à l'instruction ?

Incontestablement, si le demandeur entend être fixé au préalable sur le sort de la compétence. Mais si, tout au contraire, malgré l'appel, éventuel ou même déjà interjeté, sur le chef de la compétence, le demandeur préfère poursuivre l'instruction, il le peut.

Pareillement, le fait que, lors de l'ouverture du rapport d'arbitre, la cour n'aurait pas encore statué sur l'appel du jugement de compétence, ne serait nullement de nature à mettre le tribunal dans l'obligation de surseoir sur le fond.

En effet, l'appel d'un jugement de compétence, en matière de commerce, n'est aucunement suspensif, alors même que l'exécution provisoire n'aurait pas été ordonnée.

Cette dérogation à la règle ordinaire de l'article 457 du Code de procédure civile, résulte de l'article 425 du même code qui autorise le tribunal de commerce, en rejetant le déclinatoire opposé, à statuer immédiatement sur le fond pourvu que ce soit pour deux dispositions distinctes, l'une sur la compétence, l'autre sur le fond, la première pouvant toujours être attaquée par la voie de l'appel.

En l'espèce envisagée, si le tribunal avait eu les éléments de fait nécessaires à l'appréciation de la demande, il aurait immédiatement rendu jugement sur le fond, nonobstant l'appel possible sur la compétence. La circonstance qu'une instruction a été ordonnée pour la recherche des éléments de décision ne saurait, en quoi que ce soit, modifier la situation et rendre, dès lors, impossible à raison de l'appel sur la compétence une décision au fond qui n'a été ajournée qu'en vue d'une instruction préalable et qui, en soi, n'a nullement à être subordonnée au sort définitif du jugement de compétence.

L'objection que l'appel sur la compétence serait suspensif ne peut trouver son application que devant les tribunaux civils, auxquels le législateur, par une dis-

position toute contraire à celle qui vient d'être expliquée pour la juridiction consulaire, défend de juger
le fond alors que la compétence est contestée (art. 172
du Code de procédure civile).

On peut voir, à ce sujet, Garsonnet, *Traité théorique
et pratique de procédure*, tome II, § 295 et tome III,
§ 426, dont voici les passages essentiels : « Le tribunal
de commerce n'est pas forcé, comme le tribunal de
première instance, d'attendre, pour juger le fond, que
sa compétence soit définitivement reconnue... C'est une
exception considérable aux principes généraux... Il ne
fallait rien moins que la célérité, toujours utile et quelquefois nécessaire en matière commerciale, pour justifier une procédure aussi exceptionnelle ; elle est, d'ailleurs, très ancienne, car elle existait dans les foires de
Champagne et de Brie en vertu de lettres patentes du
6 août 1349, art. 29 (*Ordonnances des Rois de France*,
t. II, p. 312). Elle se retrouve dans la Déclaration du
28 avril 1565, art. 2 (Isambert, *Recueil général des
anciennes lois françaises depuis 420 jusqu'à 1789*, t.
XIV, p. 181), et dans l'Ordonnance d'août 1673, titre
XII, art. 13. »

En conséquence, ni l'arbitre, ni, sur ouverture de
rapport, le tribunal n'ont à avoir égard à la défaillance du défendeur, non plus qu'à une demande de
sursis de la part de ce dernier, à raison de l'appel du
chef de la compétence puisque, en toutes éventualités,
ledit défendeur pouvait participer à l'instruction et
plaider au fond sous réserve de son appel et sans compromettre en rien ses droits à cet égard (Aix, 26 juillet
1824, *Dalloz, Répertoire* au mot *Appel civil*, n° 1265 ;
Trib. com, Seine, 5 mai 1888, *Journal des Tribunaux
de commerce*, XXXVIII, n° 11571, p. 296 ; Trib. com.
Seine, 30 octobre 1909, *Le Droit*, 14 janvier 1910. —

Comparer Paris 24 mars 1893, *D.*, 1894, 2, 489, avec note Glasson; *S.*, 1896, 2, 69).

11. — De l'appel du chef de la compétence, il convient de rapprocher l'appel du chef de la disposition ordonnant, en matière commerciale, une expertise ou une instruction par arbitre.

La jurisprudence décide que, s'ils peuvent avoir, en certaines circonstances, le caractère de jugements interlocutoires (condition indispensable pour que l'appel soit possible), les renvois devant arbitre-rapporteur comportent de plein droit l'exécution provisoire sans soumission de caution, de telle sorte que, par application de l'article 439 du Code de procédure civile, l'appel en ce cas n'est pas suspensif (Cass. civ., 17 janvier 1865, *D.*, 1865, 1, 56; — Cass. req., 22 janvier 1867, *D.*, 1867, 1, 334; — Caen, 22 fév. 1869, *D.*, 1870, 2, 21; — Cass. req., 20 mai 1879, *D.*, 1880, 1, 35).

12. — Revenons à la compétence.

La compétence du tribunal de commerce étant reconnue (compétence matière, compétence *ratione materiæ*), on peut, alors, se poser la question de savoir si celui des tribunaux de commerce qui a été saisi du litige peut en connaître (compétence personnelle ou territoriale, compétence *ratione personæ* ou *loci*).

A cette question, qui intéresse plutôt les plaideurs que le tribunal et ses mandataires, car l'incompétence n'est ici que relative et se couvre par le silence, *in limine litis*, du défendeur qui comparaît au procès (art. 168 et 169 du Code de procédure civile), la réponse se trouve dans l'article 420 du Code de procédure civile, titre XXV, Procédure devant les tribunaux de commerce, ainsi conçu :

« Le demandeur pourra assigner à son choix :

Devant le tribunal du domicile du défendeur;

Devant celui dans l'arrondissement duquel la promesse a été faite et la marchandise livrée;

Devant celui dans l'arrondissement duquel le paiement devait être effectué. »

Ainsi trois situations d'ordre différent peuvent déterminer la compétence relative : le domicile du défendeur, suivant le principe général de l'article 59 du Code de procédure qu'applique tout d'abord l'article 420; le lieu tout à la fois de la convention et de l'exécution; enfin le lieu du paiement.

Si ces trois situations existent distinctement, il y a alors trois tribunaux de commerce pouvant être valablement saisis du litige, de même qu'il peut n'y en avoir qu'un ou deux, suivant qu'elles coexistent entièrement ou partiellement.

Jugé, par application de cet article, que le Tribunal de commerce de la Seine est compétent pour connaître des contestations relatives à des opérations de Bourse conclues et exécutées à Paris, et qui devaient être payées dans cette ville. Ce principe n'est nullement contredit par l'article 1er de la Convention franco-suisse, aucun des termes de cet article ne pouvant faire échec à l'application de l'article 420 du Code de procédure civile, et le sujet suisse ne pouvant prétendre en Suisse à un traitement plus favorable que le sujet français (Trib. com. Seine, 15 novembre 1907, *La Loi*, 5 décembre 1907; *Gaz. Trib.*, 15 février 1908).

Jugé, en matière d'opérations de Bourse de marchandises à terme, que l'opérateur doit être regardé, dès l'abord, comme le débiteur du commissionnaire et que, dès lors, le domicile du donneur d'ordres doit être considéré comme celui où doit se faire le paiement par application de l'article 1247 du Code civil ainsi conçu : « Le paiement doit être exécuté dans le lieu désigné par la convention. Si le lieu n'y est pas désigné, le paiement, lorsqu'il s'agit d'un corps certain et déterminé, doit être fait dans le lieu où était, au temps de l'obligation, la chose qui en fait l'objet. — Hors ces deux cas, le paiement doit être fait au domicile du débiteur. » (Douai, 26 juin et 15 nov. 1906, *Recueil de Douai*, 1907, 328; *Recueil du Havre*, 1907, 2, 206; *Droit Financier*, 1908, 21).

Semblable décision, également de la cour de Douai (5 janvier 1904), en matière de Bourse des valeurs, a été l'objet d'un pourvoi sur lequel la Cour de cassation (Chambre civile) a, le 27 octobre 1909 (*G. P.*, 1909, 2, 509 et *Dalloz*, 1910, 1, 205), décidé que le banquier, assigné par le donneur d'ordres en justification des opérations qu'il devait exécuter et en établissement du compte, est recherché non pas comme comptable mais à raison de sa qualité de commissionnaire chargé de négociations de Bourse, de telle sorte que la compétence est déterminée non par l'article 527 du Code de procédure civile, disposant que les comptables seront poursuivis devant les juges de leur domicile, mais par l'article 420 du même Code; qu'en conséquence, le donneur d'ordres peut porter son action devant l'un des trois tribunaux indiqués par ce dernier article et si la convention ne stipule pas que les courtages et accessoires, objet de la commission, sont payables au domicile du banquier, le paiement doit en être fait au domicile du donneur d'ordres, lequel, dès lors, peut régulièrement assigner devant le tribunal de son propre domicile.

De son côté, le Tribunal de commerce de Nantes (25 novembre 1905, *Recueil de Nantes*, 1906, 1, 171) a appliqué l'article 420 du Code de procédure civile entre agent de change et client, en ce sens que le lieu de la promesse serait celui où les ordres parviennent et le lieu de la livraison celui où les titres, livrés ou achetés au comptant, sont remis au client, et enfin le lieu du paiement le cabinet de l'agent de change, en vertu de l'usage constant suivant lequel le paiement du solde de compte résultant d'opérations de Bourse par l'entremise d'un agent de change s'effectue au cabinet de l'agent de change et non au domicile du client.

13. — A la différence de la compétence matière, la compétence territoriale peut être déterminée par l'accord des parties, accord tacite au présumé lorsque le défendeur ne proteste pas au début du litige (*in limine litis*), accord formel au moyen d'une clause d'attribution de juridiction.

Ainsi, jugé par le Tribunal de commerce de la Seine (18 avril 1906, *Droit Fin.*, 1906, 276), que la stipulation aux termes de laquelle pour toutes les contestations qui pourraient surgir à l'occasion de marchés intervenus pour être exécutés à la Bourse de Paris, il est fait attribution exclusive de juridiction au Tribunal de commerce de la Seine, est une convention licite, non contraire à l'ordre public et qui doit recevoir son application alors même que le donneur d'ordres n'est pas domicilié dans le ressort de ce tribunal.

14. — La clause d'attribution est valable même au regard de celle des parties pour laquelle l'acte envisagé était civil, et ce alors que ce même acte a tout à la fois le caractère commercial pour l'autre partie (Cass. civ., 8 mai 1907, *D.*, 1911, 1, 222).

Autrement, c'est-à-dire à défaut de clause attributive de juridiction, la jurisprudence, en présence d'un acte civil pour l'une des parties et commercial pour l'autre (acte mixte), accorde, de façon constante, l'option de juridiction à celui dont l'engagement est resté civil; cette partie ne peut être poursuivie que devant ses juges ordinaires, c'est-à-dire devant les juges civils, tout en ayant la faculté, pour l'action qu'elle entendrait diriger contre son adversaire, de s'adresser soit à ces mêmes juges, soit à la juridiction spéciale aux actes de commerce (Cass. civ., 30 novembre 1897, *D.*, 1898, 1, 327; — Cass. civ., 8 mai 1907, *D.*, 1911, 1, 222; — Cass. req., 1er juillet 1908, *D.*, 1909, 1, 11).

Si le défendeur engagé commercialement forme, devant le tribunal de commerce où il comparaît, une demande reconventionnelle contre son adversaire tenu civilement, le tribunal pourra statuer sur le mérite de cette demande reconventionnelle à la condition qu'il s'agisse de l'interprétation et de l'exécution des mêmes conventions (Trib. com. Seine, 5 juillet 1901, *Journal du Trib. de com.*, 1903, 204; — Paris, 27 juin, 1908, *Gaz. des Trib.*, 8 octobre 1908).

Lorsqu'il s'agit d'un acte mixte, c'est-à-dire civil pour l'une des parties et commercial pour l'autre, les preuves du droit civil, seules, peuvent être employées contre la personne qui n'a pas fait acte de commerce, tandis que contre celle pour laquelle l'acte est commercial la preuve peut être faite suivant les règles du droit commercial et cela quelle que soit la juridiction devant laquelle l'affaire est portée; l'admissibilité de la preuve testimoniale en matière de commerce est indépendante de la juridiction devant laquelle l'affaire est

portée (Cass. civ., 19 novembre 1862, *D.*, 1862, 1, 472 ;
— Cass. req., 31 mars 1874, *D.*, 1875, 1, 229 ; —
Cass. req., 1er juillet 1908, *D.*, 1909, 1, 11 ; *G. P.*,
1908, 2, 246 et *Dalloz, Supplément au Répertoire*, au
mot *Obligations*, n° 2036 et 2037, et *Supplément au
Code de commerce annoté*, art. 109, n° 9551 et s.).

15. — Au point de vue de la preuve, il convient de
noter que les juges ne sont point tenus de suivre l'avis
des experts, non plus que celui des arbitres. Ils doivent
toutefois énoncer les motifs qui, en dehors de l'avis
des experts, ont déterminé leur conviction (Cass. req.,
8 juillet 1908, *D.*, 1909, 1, 10). Au regard des avis
d'arbitres, il paraît suffisant que le rapport soit visé
dans le jugement.

Les constatations et conclusions des rapports d'experts ou d'arbitres constituent des éléments d'appréciation pour les juges.

Les experts dans la limite de leur mission, ainsi que
les arbitres, peuvent entendre des tiers susceptibles de
fournir des renseignements intéressant le litige (notamment Cass. req., 6 nov. 1888, *D.*, 1889, 1, 230 et Cass.
req., 8 juillet 1902, *D.*, 1909, 1, 10).

Ce faisant, ces mandataires de justice se livrent à
une enquête au sens matériel du mot ; ils ne font pas
une enquête au sens légal avec les formes spéciales et
la portée que détermine le Code de procédure. Le droit
de procéder à une véritable enquête appartient exclusivement aux magistrats.

Il est à remarquer qu'en matière commerciale, la
preuve est admise d'une façon aussi large que possible.
La Cour de cassation décide que les juges en peuvent
puiser les éléments même dans de simples présomptions
et, d'une manière générale, dans les faits et circons-

tances dont l'appréciation leur appartient quel que soit l'intérêt du litige, fût-ce même pour prouver contre et outre le contenu aux actes (notamment Cassation, 23 décembre 1903, *G. P.*, 1904, 1, 537).

Il n'existe aucune restriction à la liberté de la preuve en matière commerciale. C'est là, d'ailleurs, un principe qui n'est pas nouveau : il est de tradition en France et remonte à l'institution de la juridiction consulaire.

Dans ces conditions, il devient sans intérêt pour le tribunal de procéder à une enquête en forme solennelle, alors que les renseignements recueillis avec toutes garanties voulues sont pleinement suffisants pour faire la lumière et étant donné que le jugement, loin de se borner à entériner purement et simplement la conclusion ressortant d'une audition par arbitre, précise que la conviction du tribunal ressort de l'appréciation qu'il fait lui-même, tant des éléments recueillis par l'instruction, que de l'ensemble des faits et circonstances de la cause (notamment Paris, 17 novembre 1903, *D.*, 1905, 2, 30 ; — Cass. req., 27 octobre 1909, *D.*, 1910, 1, 64 ; — Paris, 12 janvier 1911, *D.*, 1911, 5, 26).

Tous les moyens de preuve étant admissibles en matière commerciale, les juges peuvent prendre pour base de leur décision des renseignements puisés dans une expertise irrégulière alors que ces renseignements sont corroborés par d'autres documents ou éléments de la cause (Montpellier, 18 mars 1910, *D.*, 1911, 2, 351).

En matière civile, c'est la même règle avec cette nuance, semble-t-il, que la preuve étant, ici, strictement réglementée, les juges ont le devoir de faire connaître les autres éléments de preuve, réguliers ceux-là, qui se combineraient avec les renseignements puisés dans l'expertise irrégulière (Cass. req., 7 mars 1904 et 6 août 1906, *D.*, 1904, 1, 208 et 1906, 1, 384).

Il convient d'ailleurs d'observer que, même en matière commerciale, les juges ne doivent recourir, à défaut de documents puisés dans la cause elle-même, qu'aux moyens de preuve déterminés par la loi.

Ainsi la Cour de cassation a déclaré que les juges ne peuvent, même en matière commerciale, former leur conviction ni motiver leur décision sur le résultat de leurs investigations personnelles poursuivies en dehors de l'audience et en l'absence des parties (Cass., 8 juillet 1885, *D.*, 1886, 1, 204); que, même en matière commerciale, est nul le jugement fondé sur une visite des lieux contentieux faite par un membre du tribunal, si ce jugement ne constate pas que les parties aient été présentes ou représentées, soit à la visite du juge soit à l'audience à laquelle celui-ci a fait son rapport, alors, d'ailleurs, qu'il n'est pas établi que la partie intéressée ait à un moment quelconque renoncé à se prévaloir des vices de la mesure d'instruction effectuée en dehors des formes légales (Civ., 21 octobre 1907, *D.*, 1908, 1, 64); qu'une cour d'appel ne peut valablement faire état des explications qui lui ont été fournies par un expert, dans la chambre du conseil, après la clôture des débats et la mise de la cause en délibéré, alors que les parties n'ont pu ni les connaître ni les discuter (Civ., 12 novembre 1907, *D.*, 1908, 1, 96).

16. — A la question de compétence et de preuve se rattache celle du lien de droit.

Cette question se présente en pratique sous la forme suivante : alors qu'il poursuit en vertu d'ordres dont il n'a pas en mains la preuve matérielle par des fiches signées de l'intéressé ou par la correspondance de celui-ci, vu que les opérations se traitent couramment en Bourse sur ordres verbaux ou téléphoniques (Trib.

com. Seine, 8 novembre 1900, *La Loi*, 30 janvier 1901), le banquier invoque, la plupart du temps, les tirages de son copie d'avis d'opéré; le destinataire des avis oppose qu'il n'a rien reçu ou qu'il a dédaigné cette correspondance à laquelle il n'a pas donné son accord.

La jurisprudence admet que la transcription, par un commerçant, à son copie de lettres régulièrement tenu, d'une lettre d'affaires, est de nature, en tenant compte de l'ensemble des circonstances, à faire présumer que cette lettre a été mise à la poste et est parvenue à destination (notamment Bordeaux, 28 mai 1856, *D.*, 1856, 2, 219; — Rouen, 19 mars 1902, *D.*, 1903, 2, 109; — Trib. com. Seine, 29 déc. 1906, *G. P.*, 1907, 1, 168; — Trib. com. Saint-Etienne, 25 mai 1910, *D.*, 1910, 5, 53).

D'autre part, il est notoire entre professionnels et familiers de la Bourse que la réception, sans protestation, d'un avis d'opéré vaut adhésion à l'opération, soit comme reconnaissance de l'ordre dont celle-ci serait l'exécution, soit, en tout cas, comme ratification de l'affaire telle qu'annoncée.

Cet usage s'impose par la nécessité manifeste d'une égalité de situation entre contractants. Il ne peut, en effet, échapper au client que, par l'envoi de l'avis, le banquier s'est lié, de telle sorte que la loyauté qui préside aux relations commerciales ne saurait permettre, au réceptionnaire de l'avis, de se ménager, en gardant le silence, le moyen d'en tirer parti, en produisant ou en dissimulant cet avis à son gré, suivant les fluctuations du marché toujours en mouvement. Aussi considère-t-on, de façon constante entre gens de Bourse, que le seul fait qu'on reçoit l'avis d'opéré, sans protester contre ses termes, vaut tout autant qu'une adhésion par écrit.

Toutefois, cet usage ne saurait être opposable à la personne avec laquelle on n'est pas déjà entré en relations d'affaires, alors, surtout, qu'il n'est pas établi que cette dernière soit au courant des choses de la Bourse.

Rentier ou exerçant une profession libérale ou bien, fût-on même négociant mais dans une branche de commerce sans relations avec la Bourse, et si l'on n'y a jamais opéré à terme, on peut avoir la légitime prétention de ne pas être troublé dans son repos, dans ses occupations ou dans ses affaires par des informations dont, quelle qu'en soit l'allure décisive, on ne mesurera peut-être pas toute la portée et qu'on dédaignera d'autant plus aisément qu'on n'aurait, en rien, contribué à en susciter l'initiative importune.

C'est pourquoi la production d'un copie de lettres qui, dans certains cas, fera la preuve de l'existence des ordres allégués, sera considérée, dans d'autres circonstances, comme insuffisante. C'est une question d'espèces.

Ainsi, il a été jugé qu'à elle seule la production du copie de lettres est sans portée, car si elle prouve que les avis ont été envoyés, elle ne prouve pas qu'ils aient été reçus (Trib. com. Lyon, 5 janvier 1903 et Cour de Lyon, 7 juillet 1904, *Gazette Com. Lyon*, 8 juin 1903 et 6 décembre 1904).

« Si, dit le Tribunal civil de la Seine (jugement du 12 juin 1901, *G. P.*, 1902, 1, 13), on admettait les banquiers à faire la preuve d'ordres de Bourse au moyen de leurs propres livres, il leur serait trop facile de rejeter au compte de leurs clients, lorsqu'elles sont désastreuses, certaines opérations et de les garder pour leur propre compte lorsqu'elles ont été fructueuses. »

Même au regard de l'agent de change qui, lui, ne

peut faire d'opérations pour son compte, il a été jugé
que le seul copie de lettres est insuffisant pour faire la
preuve des ordres. Il s'agissait, en l'espèce, d'ordres
de spéculation attribués à un client qui ne s'était ré-
vélé jusqu'alors que comme opérant au comptant (Tribunal de commerce de la Seine, 7 janvier 1903, *G. P.*,
1903, 1, 565).

C'est pourquoi, ainsi que déjà indiqué ci-dessus, il
convient de bien remarquer que c'est à raison de l'ensemble des circonstances à apprécier par le juge qu'on
peut voir un élément de preuve dans le copie de lettres,
lequel ne saurait, à lui seul, être considéré comme un
moyen décisif, nul ne pouvant être admis à se créer
un titre à soi-même. (Voir en ce sens une note de M. le
professeur Jules Valéry, sous un jugement du Tribunal
de commerce de Nantes, du 19 mai 1906, *Dalloz*, 1908,
2, 313).

D'autre part, il faut se garder de transformer en
règle de droit l'adage populaire suivant lequel « qui
ne dit mot consent ».

Sans doute, la Cour de cassation a jugé qu'une compagnie de chemins de fer est condamnée à bon droit à
des dommages-intérêts alors que, par son défaut de
réponse à une demande déterminée (en l'espèce une
réquisition de mise à disposition de wagons), elle laisse
présumer son acceptation (Cass. civ., 25 juillet 1906,
D., 1909, 1, 72); mais cette solution tient à ce que la
compagnie, d'après les règlements ayant en la matière
force de loi, était dans l'obligation de répondre, si bien
qu'à défaut d'avis contraire l'envoyeur de la lettre
était en droit de considérer comme acceptés les jour et
heure qu'il indiquait pour son déplacement.

De même, celui qui est en rapports incontestés d'affaires avec un banquier, celui qui, en un mot, a déjà

des positions sur la liquidation en cours, celui-là, s'il ne proteste pas immédiatement au reçu d'avis d'opéré, est censé y donner son adhésion (nombreuses décisions, notamment Cass. req., 5 juillet 1888, *Dalloz*, 1889, 1, 120).

Mais s'il n'y a pas déjà entre les parties des rapports au sujet de l'affaire qui vise la lettre d'avis d'opéré, il en est différemment.

Ainsi, il a été jugé par la Cour de Montpellier, 22 juillet 1904 (*Dalloz*, 1905, 2, 296) que l'existence d'un marché n'est pas suffisamment établie par le simple envoi d'une lettre écrite par l'une des parties sans que l'autre ait fait une réponse quelconque à cette lettre. (Voir aussi dans *Dalloz*, 1905, 1, 345, la note de M. le professeur Jules Valéry, sous un arrêt de Cassation du 17 juin 1903, décidant que, lorsque dans un contrat de vente le lieu de paiement a été fixé d'une manière expresse par les conventions des parties, il ne peut appartenir au vendeur de modifier cette convention par l'envoi d'un facture avec une clause contraire, la dérogation aux stipulations primitives ne pouvant résulter que du consentement nettement caractérisé de l'acheteur.)

Pour nécessiter une protestation à réception d'un avis d'opéré, il pourrait même n'être pas nécessaire qu'il y eût déjà un contrat établi. Il pourrait suffire que des pourparlers aient été engagés et suivis dans de telles conditions que l'avis d'opéré, fût-ce par suite d'un malentendu, se présenterait comme conclusion de ces pourparlers. Ainsi que le fait remarquer M. le professeur Jules Valéry, dans la note déjà citée de *Dalloz* (1908, 2, 313 et 314), en s'abstenant de répondre, le destinataire manque à l'obligation, qui s'impose à toute personne engagée dans des pourparlers préa-

lables à la conclusion d'une affaire, d'accomplir tous
les actes qui se rattachent naturellement aux suites que
cette affaire et ces pourparlers eux-mêmes peuvent normalement comporter.

Il peut aussi se rencontrer des situations particulières
dont les tribunaux auraient à tenir compte.

Ainsi, jugé par la Cour de Douai, le 6 février 1908
(*Recueil de Douai*, 1908, 267) que l'acheteur qui a reçu,
pour les signer, deux exemplaires de contrat de vente,
doit les retourner dans un délai assez rapide, de telle
sorte que le vendeur, lié par sa signature, ne se trouve
pas à la discrétion de l'acheteur; mais le délai de qua-
rante-huit heures qui se trouverait indiqué à cet effet
dans le contrat ne devrait pas être considéré comme
absolument rigoureux et pourrait être quelque peu pro-
longé si l'acheteur avait à faire valoir une cause sé-
rieuse de retard.

Jugé, d'autre part, que, lorsqu'un commissionnaire
en marchandises qui a vendu, pour le compte d'un tiers,
des céréales ou d'autres marchandises a adressé, à la
suite de cette vente, des lettres de confirmation et a
envoyé diverses lettres de rappel, il ne peut se voir
contester utilement les ordres, si la personne avisée a
attendu dix-sept jours avant de protester, protestation
qui a été simplement formulée au moment de la réclamation des marges (Trib. com. Seine, 20 août 1908,
Revue juridique des Opérations de Bourse, 1908, 118).

Fréquemment, les ordres sont passés par l'entremise
d'un tiers, lequel est qualifié de remisier à raison des
remises ou ristournes de courtages qui lui sont con-
senties par le banquier qui reçoit les ordres.

Aux développements déjà fournis ci-dessus au début
du n° 7 et au n° 8, au sujet des remisiers, il convient
d'ajouter quelques explications complémentaires.

Dans la banque à laquelle il passe les ordres, le remisier est accueilli plutôt comme un correspondant qu'en client; une pièce ou bureau y est même d'ordinaire à sa disposition; mais, du moins en principe, il n'agit pas comme représentant de la banque, non plus que comme un représentant du client ayant pleins pouvoirs pour engager, dans le premier cas, le banquier, dans le second cas, le client.

Ce n'est qu'à titre exceptionnel et en raison de circonstances spéciales que l'intermédiaire touchant des remises peut avoir le rôle de représentant.

Tandis que le remisier n'est qu'un simple transmetteur d'ordres de Bourse à un agent de change, banquier ou commissionnaire, qui, après agrément, est seul tenu de la suite de l'opération et qui paie la part de commissions ou remise revenant à cet intermédiaire, le représentant d'une maison de banque est un véritable mandataire chargé de suivre l'opération dont il assure l'exécution et qui est autorisé à percevoir directement le prix des mains du client qui traite avec lui. N'est pas remisier, mais représentant d'une maison de banque, le directeur d'un comptoir qui affiche quotidiennement les bulletins de Bourse sur des imprimés au nom de cette maison, qui délivre à ses clients des reçus sur des imprimés portant la même mention, qui figure en la qualité de représentant de cette maison sur la liste des abonnés du téléphone, et qui est en compte courant avec la dite maison (Grenoble, 16 février 1906, *Rec. Grenoble*, 1906, 141).

L'agent de change qui avise un donneur d'ordres d'opérations commandées par un tiers, ne peut prétendre que celui-ci est le mandataire du donneur d'ordres; le fait, par l'agent de change, d'avoir répandu dans le public des circulaires accréditant ce tiers comme son représentant doit faire considérer l'agent de change comme seul tenu de rendre compte (Lyon, 3 juillet 1908, *Rev. jurid. des Opér. de Bourse*, 1909, 279).

Au contraire, pour un autre intermédiaire touchant des remises mais agissant dans des conditions différentes, le Tribunal de commerce de la Seine, le 18 mars 1905 (*Droit Financier*, 1906, 225) a reconnu à cet intermédiaire, à raison des circonstances, le caractère de véritable représentant du spéculateur qui l'avait mis en œuvre.

Aux termes de cette décision, le remisier qui effectue par agent de change des opérations pour le compte d'un client et est reconnu avoir entretenu constamment avec le client des rapports de mandataire à mandant, ne peut, pour faire déclarer non recevable l'action de son client contre lui, prétendre s'être substitué un mandataire légal en la personne de l'agent de change. Le remisier mandataire qui s'est engagé envers son client mandant à ne faire aucune opération sans ordre, ne peut contrevenir à cet engagement; il lui appartient, si l'état du marché l'exige, de provoquer des ordres ou de réclamer une couverture. Le client mandant, en acceptant et en réglant le compte de l'agent de change, ne ratifie pas les fautes de son mandataire et n'abandonne pas son recours contre lui. L'agent de change, en agissant sur les ordres du remisier qu'il connait comme mandataire du client, ne commet aucune faute. Par suite, le client est tenu d'exécuter les engagements pris à l'égard de l'agent de change par son mandataire, sauf à se retourner contre ce dernier en cas de faute de mandat.

De même, le Tribunal civil de la Seine a jugé, le 20 février 1906 (*Droit Fin.*, 1906, 216), que l'agent de change qui, à raison d'opérations antérieures, sait qu'un intermédiaire est le mandataire habituel d'un client, peut n'aviser de l'opération que le mandataire seul.

Mais, en dehors de la situation caractérisée de représentant de l'agent de change, banquier ou commissionnaire ou, au contraire, de représentant du spéculateur, le remisier n'est à considérer que comme un in· termédiaire chargé de transmettre des ordres qui, pour devenir définitifs, doivent être confirmés directement au client lui-même, lequel est, alors, lié par son défaut de protestation à réception de la confirmation se produisant généralement sous la forme d'un avis d'opéré ou d'un compte de liquidation (Trib. com. Seine, 7 janvier 1903 cité ci-dessus n° 16 ; Trib. com. Seine, 28 novembre 1905, *Droit Fin.*, 1906, 568 ; Paris, 24 octobre 1906, *Droit Fin.*, 1908, 53 ; Paris, 13 mars 1907, *Droit Fin.*, 1908, 170 ; Douai, 6 février 1908, ci-dessus n° 16 ; Trib. civ. Seine, 18 novembre 1908, *G. T.*, 13 février 1909).

En même temps, au regard du spéculateur qui le met en œuvre en vue de la transmission des ordres, le remisier est un conseiller et un guide pour les opérations. Il a été jugé à cet égard que l'exception d'ignorance des usages de la Bourse doit être écartée en ce qui concerne la personne ayant auprès d'elle un remisier qui la renseigne (Trib. com. Seine, 2 nov. 1903, *G. P.*, 1903, 2, 568). Il a été jugé aussi que le remisier ne saurait être rendu responsable du résultat des opérations par le spéculateur qui l'emploie, à moins qu'il n'ait donné des conseils intéressés et préjudiciables ou que, dans l'exécution de son mandat de remisier, il n'ait commis une faute de nature à engager sa responsabilité (Paris, 10 juin 1907, *Droit Fin.*, 1907, 525).

Parmi les décisions citées ci-dessus, il y a lieu de détacher notamment celle du Tribunal de commerce de la Seine, en date du 28 novembre 1905, doit voici le résumé :

« Lorsqu'il est établi et justifié aux débats que l'agent de change a régulièrement envoyé, non au tiers qui lui transmettait les ordres, mais directement au client, à son domicile, les lettres d'avis et les comptes de liquidation, le tribunal, en l'absence de toute protestation contre les avis reçus ou les comptes transmis, ne saurait sérieusement s'arrêter à la considération tirée par le client de ses absences de son domicile; en supposant que ces absences eussent pu retarder l'ouverture des lettres, il serait puéril d'admettre qu'elles aient eu pour résultat de le priver de son courrier.

Le tribunal doit donc retenir que le client a effectivement reçu les papiers que lui envoyait l'agent de change.

Cette constatation suffit à établir à la fois le mandat, même indirect, en vertu duquel l'agent de change a agi et la validité de l'exécution que l'agent de change a donnée à ce mandat.

Il a, en effet, été jugé à maintes reprises que les lettres d'avis et comptes de liquidation établissent un lien de droit certain entre les parties et que le client qui les a reçus sans protestation ne peut invoquer le défaut d'ordres.

Le tribunal ne saurait donc accueillir le moyen que le client entend tirer de l'impossibilité où se trouve l'agent de change de produire des preuves écrites, toutes les opérations s'étant faites par un remisier et verbalement, conformément à l'usage constant en matière de Bourse. »

Ainsi s'est exprimé le Tribunal de commerce de la Seine dans son jugement du 28 novembre 1905.

Il convient d'observer que c'est, non pas au remi-

sier, mais directement au banquier ou commissionnaire
que doivent être adressées les protestations du client.
Ainsi, le Tribunal de commerce du Havre a jugé, le
10 avril 1900 (*Recueil du Havre*, 1900, 1, 131), qu'est
nulle et sans valeur la protestation faite auprès d'une
tierce personne ayant servi d'intermédiaire pour des
marchés à terme à exécuter par un commissionnaire,
s'il n'est pas prouvé que cette personne était l'agent
direct dudit commissionnaire.

Au début du présent article 16, j'ai dit que la question du lien de droit se rattachait à celle de la compétence et de la preuve. C'est ce qui ressort des développements placés sous ce numéro et enfin plus spécialement des décisions suivantes :

Cass. req., 29 novembre 1899 (*Sirey*, 1901, 1, 187;
Dalloz, 1900, 1, 20) :

« Sur le premier moyen pris de la violation des articles 1341 et 1345 du Code civil, de la fausse application de l'article 109 du Code de commerce, ainsi que
de la violation de l'article 7 de la loi du 20 avril 1810 :

Attendu que si les opérations de Bourse ne sont pas
nécessairement par elles-mêmes des actes de commerce,
elles peuvent revêtir ce caractère à raison des circonstances et du but dans lequel elles ont eu lieu;

Attendu qu'il est constant, en fait, que, dans le courant de l'année 1895, le sieur F... a acheté, par l'entremise du coulissier Varenne, trois cents actions de
Mines d'or; qu'il n'en a jamais pris livraison et a procédé à des opérations de report sur ces titres;

Qu'à la fin du mois d'août, il a été avisé, par son
intermédiaire, que, la plupart des maisons de banque de
Paris se refusant à faire des négociations de ce genre,

sa position avait été transférée chez Birman qui l'avait acceptée;

Que les mêmes opérations ont continué pour son compte dans cette maison sans que F... se soit préoccupé de lever ses titres et de solder ses différences;

Attendu que F... ne dénie pas le mandat donné par lui à Varenne; qu'il soutient, seulement, n'avoir pas chargé le banquier Birman de continuer les opérations de report pour son compte;

Mais attendu que l'arrêt attaqué (Paris, 10 juin 1898) fait résulter la preuve contraire de l'ensemble des documents versés aux débats, à l'examen desquels a procédé l'arbitre désigné par le Tribunal de commerce de la Seine;

Qu'il est constaté que F..., dûment avisé le 1er septembre 1895 du report de ses actions à la fin du même mois et le 1er octobre suivant du report desdites actions au 31 octobre, n'a fait aucune observation à cet égard et que les comptes de ces actions lui ont été régulièrement remis sans aucune protestation de sa part jusqu'au jour où il a été mis en demeure de régler définitivement sa situation;

Qu'en déduisant de l'ensemble des circonstances par lui contestées, que la juridiction commerciale était compétente pour connaître de l'action du sieur Birman et que les juges du fait s'étaient, à bon droit, conformé aux règles tracées par l'article 109 du Code de commerce pour l'administration de la preuve, l'arrêt attaqué n'a violé ni faussement appliqué les textes visés au moyen;

Sur le deuxième moyen tiré de la violation des articles 12 et 13 du Code de commerce et de l'article 7 de la loi du 20 avril 1810;

Attendu que l'arrêt attaqué constate que là preuve

du mandat donné, dans la circonstance, à Birman, ressort de l'instruction et des pièces versées aux débats ;

Qu'une pareille déclaration ne vise pas uniquement les livres de commerce produits par le défendeur et la correspondance échangée entre les parties ;

Qu'en acceptant dans son intégralité le rapport de l'arbitre et en y ajoutant qu'il n'y avait pas lieu de s'arrêter aux obligations et aux critiques de l'appelant, la Cour de Paris a virtuellement répondu aux conclusions de ce dernier. »

Cour de Paris, 10 novembre 1909 (*La Loi*, 5 février 1910) :

Un facteur des postes qui n'a jamais exercé le commerce, qui dénie s'être livré à des opérations de Bourse, ne peut être traduit devant la juridiction consulaire par un banquier qui se prétend son créancier pour opérations de cette nature, et se trouve dans l'impossibilité de rapporter un ordre quelconque à lui donné par son prétendu client.

Cour de Paris, 28 janvier 1910 (*Droit Financier*, 1910, 177) :

Si, en principe, la réception, sans réserve ni protestation, des avis d'opéré et des comptes de liquidation peut, au regard d'un spéculateur expérimenté, être retenue comme constituant une ratification, il n'en saurait être de même quand il s'agit d'un modeste commerçant absolument étranger aux opérations de Bourse.

Un banquier ne saurait établir les relations du remisier qui lui a passé l'ordre au nom d'un prétendu client en alléguant une opération postérieure à l'ordre litigieux et dont le client nie, d'ailleurs, avoir eu connaissance.

S'il appartient aux tribunaux d'apprécier souverainement les preuves apportées pour justifier l'existence d'un mandat tacite, la preuve des faits dont on entend faire résulter le mandat tacite doit avoir lieu conformément aux règles du droit commun.

Tribunal de commerce de la Seine, 11 janvier 1905 (*Gazette des Tribunaux*, 4 mai 1905; *Journal des Tribunaux de Commerce*, 1906, 306) :

La juridiction des tribunaux de commerce s'étendant à toute personne pour les contestations relatives aux actes de commerce, ces tribunaux, pour appliquer les règles qui régissent leur compétence, doivent rechercher soit le caractère commercial ou civil d'actes non méconnus, soit leur existence même alors qu'elle est contestée, soit la vérité sur l'ensemble des faits, alors que tout est mis en question.

En principe et sans qu'il y ait lieu de distinguer si le débat porte sur la compétence seulement ou sur le fond du litige, le pouvoir du juge en matière commerciale s'étend jusqu'à la constatation de présomptions suffisantes pour être admises comme preuve, et, par conséquent, la production, au débat, de livres de commerce, même à l'encontre d'un non-commerçant peut être admise par le juge, en l'absence de toute interdiction contraire de la loi. Si, en effet, ces livres ne font preuve suffisante par eux-mêmes que lorsqu'ils sont produits dans les conditions visées à l'article 12 du Code de commerce, il reste au juge, dans tous les cas, la faculté d'y rechercher un commencement de preuve et des éléments utiles d'appréciation à rapprocher de tous autres.

le temple de Salomon, maison des Templiers, car
« ce est le servise qu'il doivent au rei... » [1].

Ils pouvaient en outre être jurés, « estre leaus
hommes et amer Dieu et droit dire et faire à toutes
gens sans trecherie... » [2]. Ils étaient au nombre de
douze qui accompagnaient le vicomte « douze autre
personnes, ou plus, ce il plaist au roi, lesqués sont
apelés bourgois et que il soient bourgois et Frans,
de la loi de Roume ; et ces sont les jurés... » Mais
Beugnot affirme (ch. CCLXV, *C. des B.*, note *a*) que
tout bourgeois n'était pas de plein droit juré et que
ces derniers étaient recrutés parmi les principaux de
la Bourgeoisie, ce qui prouve qu'il existait bien une
sorte de Haute Bourgeoisie à laquelle on réservait
des titres honorifiques refusés à la partie inférieure
de cette classe. Un bourgeois pouvait même prési-
der la Cour de la Fonde [3] et, au sujet de leur participation à la rédaction de la loi, le chapitre CCCIII
du *Livre des Assises de la Cour aux Bourgeois*
(note *a*), nous montre l'annulation comme illégale
d'une simple Ordonnance de police rendue par
Beaudouin Ier sans avoir pris le conseil de ses bourgeois. Le pouvoir de légiférer était donc solidement
établi et résultait de l'union de la noblesse, du
clergé et de la bourgeoisie.

1. *Assises Haute Cour, Livre Jean d'Ibelin*, ch. VII, *in fine*.
2. Cf. Introduction. *Assises Cour des Bourgeois*, ch. VII et note *b*
et *Livre Jean d'Ibelin*, ch. II.
3. Introduction. *Assises Cour des Bourgeois*, p. 24.

En définitive, la Bourgeoisie envisagée comme classe riche était dotée de nombreux privilèges. Nous croyons toutefois que le mot bourgeois ayant été pris ici dans un sens très large, il faut aussi désigner par cette expression *tout un élément populaire*, les classes serviles mises à part, qui ne peut être envisagé comme participant aux plus importants des droits que nous venons d'énumérer, entre autres celui d'être juré. Nous voulons désigner par là toute une série de personnes qui vivaient de leurs commerces, ouvriers, artisans, gens de métiers, petites gens, dont certains textes précisent les caractères. Classe mixte et populaire, comprenant des individus rentrant dans la classe bourgeoise, car ce sont des habitants des villes, mais par leur condition, leur nature, ils semblent être écartés des privilèges caractéristiques de la Haute Bourgeoisie.

Cette explication semble du reste bien en rapport avec la formation très lente de la classe bourgeoise dans le royaume Latin. Il est en effet difficile, malgré tout ce que nous avons dit jusqu'ici, de se représenter nettement quelle était dès son origine sa composition exacte. Ne pourrait-on même pas dire, avec quelque raison, que par ce mot de *bourgeois* on a voulu entendre, tout d'abord, tous ceux qui, les classes serviles mises à part, n'entraient pas dans la classe noble. Mais, par la force même des choses, cette classe bourgeoise se scinda en deux groupes : l'un, la Haute Bourgeoisie, classe privilégiée pou-

qui résulterait de ce que l'auteur d'inventaires se serait trompé sur la solvabilité de débiteurs ou sur l'évaluation de valeurs actives, sans que, d'ailleurs, son erreur ait porté sur les éléments matériels des inventaires.

Aux termes d'un arrêt de la Cour de cassation du 27 novembre 1907, rendu en matière d'opérations de Bourse du commerce (*D.*, 1908, 1, 321 ; *G. P.*, 1908, 1, 74), « les seuls comptes dont la révision est interdite par l'article 541 du Code de procédure civile, sont ceux qui ont été définitivement arrêtés et réglés par les parties ».

Il a été jugé qu'on ne saurait considérer comme un arrêté de compte, mettant par suite obstacle à une demande de révision, le simple fait de la réception, sans protestation, d'états trimestriels n'ayant que le caractère de situations de balance en vue de la capitalisation des intérêts et formant, par leur suite non interrompue les rattachant les uns aux autres, un tout indivisible toujours susceptible d'être discuté, approuvé ou contesté au moment de la cessation des opérations entre les parties (Grenoble, 30 janvier 1894, *D.*, 1896, 2, 69).

Jugé, de même, par la Cour de Caen, 20 décembre 1901 (*D.*, 1904, 2, 337), que la réception par le donneur d'ordres d'états de liquidation et même d'états généraux de situation que lui a remis à intervalles périodiques l'intermédiaire chargé de la réalisation des opérations, n'équivaut pas à un règlement définitif alors même que ces états contiennent comme premier article l'indication d'un solde débiteur ou créditeur, si, d'ailleurs, ils n'ont pas été approuvés et signés par le premier, et si, par suite, le compte qui existe entre eux n'est pas reconnu exact et arrêté.

On ne peut, sous prétexte de redressements à préciser, obliger un mandataire à produire ou dresser à

nouveau le compte pour un nouvel examen à faire par
la partie adverse, ni autoriser celle-ci à se faire donner
communication de toutes pièces ou tous documents relatifs à des comptes déjà approuvés à l'effet de vérifier
à nouveau les éléments actifs ou passifs desdits comptes. Autrement, l'interdiction de révision des comptes
arrêtés serait illusoire (Rouen, 28 octobre 1896, *G. P.*,
1897, 1, 50 ; — Cass., 8 juillet 1887, *S.*, 1889, 1, 252 et
D., 1904, 5ᵉ partie, col. 635 et s.).

Mais si le mandataire, dont le compte a été arrêté et
réglé, ne peut être obligé de produire les éléments à
l'aide desquels ce compte avait été établi et dont la
communication serait sollicitée pour permettre de demander la rectification d'erreurs ou d'omissions qu'on
pourrait y découvrir, le mandant a cependant le droit
de réclamer la restitution des pièces lui appartenant et
demeurées indûment aux mains du mandataire (Cassation, 25 octobre 1904, *G. P.*, 1904, 2, 471).

Mais quand peut-on dire qu'il y a, en matière de
Bourse, compte arrêté et réglé, mettant obstacle à
révision ?

L'arrêt de Cassation du 27 novembre 1907, cité au
début de cet article, décide que les juges du fait apprécient souverainement s'il y a eu, ou non, compte réglé
entre les parties et si, par suite, l'exception de règlement de compte, doit, ou non, être admise.

La question se résout en fait par l'examen des
pièces et des circonstances.

On pourrait concevoir tout d'abord un acte exprès
de règlement par lequel le mandant déclarerait approu-
ver son compte de Bourse à tous égards, c'est-à-dire
non seulement dans ses éléments matériels tels que
présentés, mais encore dans ses bases essentielles de
réalisation effective aux conditions accusées, dont il

déclarerait avoir eu justification ou dont il dispenserait son mandant.

Cette situation pourrait normalement se rencontrer dans un désistement ou dans une transaction sur procès après examen par un mandataire de justice (expert ou arbitre-rapporteur), ou encore dans un arrangement conventionnel à la suite d'une vérification du compte par un expert amiable agréé par les deux parties et qui aurait pu effectivement procéder à sa mission ; ou bien encore si, en dehors d'une vérification effective, et sachant pertinemment qu'il peut se rencontrer en matière de comptes de Bourse, des affaires qui, présentées comme réelles à un prix déterminé, ont été faites en contre-partie ou sont majorées dans leurs prix d'achat, ou bien encore minorées dans leurs prix de vente, le mandant, en prévision de ces éventualités insusceptibles de se révéler autrement que dans une vérification minutieuse, déclarait cependant renoncer aux justifications auxquelles était tenu le banquier ou commissionnaire en marchandises en vertu de l'obligation qui incombe à tout mandataire de rendre compte de sa mission conformément à l'article 1993 du Code civil.

En ce qui concerne la décharge formelle, on peut citer un arrêt de la Cour de Paris, 9e chambre, en date du 7 février 1906 (*G. P.*, 1906, 1, 487), lequel s'est exprimé ainsi :

« Considérant que les premiers juges ont débouté Italin, Gautier et Cie de leurs prétentions en déclarant que le règlement définitif par paiement volontaire ou livraison de titres peut seul entraîner, en matière d'opérations de Bourse, ratification du compte de l'intermédiaire ;

Considérant que ce principe vise exclusivement les

valeurs cotées négociées sans l'entremise d'un agent de change, la nullité *ab initio* dont sont entachées ces négociations ne pouvant être couverte que par un règlement définitif, se traduisant par le paiement du prix des titres achetés ou par la livraison des titres vendus ;

Considérant que, dans la cause actuelle, il s'agit de valeurs non cotées négociées par une maison de coulisse, assujettie par suite aux règles du droit commun ;

Considérant que s'il est exact que la réception d'un compte sans protestation ni réserve n'est pas génératrice d'une obligation au regard du mandant, le silence du donneur d'ordre n'impliquant pas le règlement définitif de l'opération, il n'en est plus ainsi quand les comptes de liquidation ont été approuvés, ratifiés en pleine connaissance de cause et qu'en outre une décharge formelle du mandat est intervenue ;

Considérant que les documents versés au procès établissent que le donneur d'ordres avait été pendant dix années employé dans diverses charges d'agent de change, qu'un service spécial de Bourse de Paris lui avait été confié, qu'il était un spéculateur expérimenté, uni par les liens d'une étroite amitié avec Gautier, un des associés de la maison de coulisse où il lui était facile de vérifier la sincérité des opérations exécutées avec des contre-parties sérieuses ;

Considérant que la décharge du mandat donnée par J. D... (le donneur d'ordres) lui interdit de réclamer une nouvelle reddition de comptes. »

Au sujet de la transaction, il a été jugé par le Tribunal de commerce de la Seine, le 5 mai 1904 (*Droit Financier*, 1904, 458), qu'aux termes de l'article 2052 du Code civil, la transaction a, entre parties, l'autorité de la chose jugée en dernier ressort ; qu'en conséquence le donneur d'ordres qui a consenti à transiger devant l'arbitre-rapporteur nommé par le tribunal, dans une demande en justifications d'opérations de Bourse intentée contre lui par un intermédiaire, n'est pas fondé à demander la nullité de la transaction pour le motif qu'il n'aurait consenti à transiger que sur des documents inexacts, alors qu'il n'apporte pas la preuve pertinente du dol dont il se plaint.

Par jugement du 18 avril 1906 (*La Loi*, 30 mai 1906), le Tribunal de commerce de la Seine a jugé qu'une transaction sur procès, précise en ses termes, formelle en son objet, stipulant expressément qu'elle avait pour but de mettre fin à toutes difficultés, d'apurer tous comptes, de les régler définitivement, et d'ailleurs suivie du désistement de l'action engagée par le commissionnaire en marchandises, met fin à tout débat, la transaction, aux termes de l'article 2052 du Code civil, ayant entre les parties l'autorité de la chose jugée en dernier ressort, et ne pouvant être attaquée pour cause d'erreur de droit ou pour cause de lésion.

Il convient, d'autre part, d'observer que les juges du fond sont souverains pour apprécier le but et la portée d'une transaction et notamment pour décider qu'elle implique reconnaissance de dette (Cass., 23 juin 1908, *D.*, 1908, 1, 523).

Ce qui constitue l'approbation du compte, c'est, ou bien la reconnaissance par le mandant que les opérations sont réelles et régulières, ou bien la renonciation à la vérification.

Il s'ensuit qu'on est alors en présence d'un compte non seulement *arrêté*, c'est-à-dire dont tous les éléments de crédit et de débit sont fixés d'un point de départ déterminé à un point d'arrivée également déterminé, mais en outre, *réglé*, c'est-à-dire dont ces éléments de crédit et de débit sont approuvés dans leur réalité et régularité ainsi que dans leurs résultats mathématiques.

Le compte ne fonctionne plus, tout au moins en ce qui touche la tranche pour laquelle il a été *arrêté* et, de plus, il est reconnu conforme aux règles qui concernent la comptabilité : il est *réglé*.

Comme la conséquence du règlement, conséquence concomitante, immédiate ou plus ou moins prochaine, est le paiement, il arrive que, dans le langage, on confond le règlement avec le paiement.

Solliciter le règlement du compte de son débiteur, c'est, de façon élégante, en demander le paiement. D'un compte qu'on a payé, on dit simplement qu'il est réglé.

Mais, en réalité, règlement et paiement sont deux phases distinctes qui, bien que susceptibles de se rencontrer dans le même temps, n'en sont pas moins distinctes.

Tous les comptes réglés ne sont pas payés.

Par contre, il semblerait, à première vue, que tout compte payé est un compte réglé.

Entre personnes majeures et capables de contracter, le règlement d'un compte se fait comme l'entendent créancier et débiteur; par suite, si ce dernier a payé c'est qu'il a réglé au préalable le compte ou même, peut-être, qu'il a jugé à propos de le considérer comme réglé, en faisant foi au rendant.

Sans doute, le seul fait de la réception, sans protestation, d'une partie de ce qui était dû ne saurait permettre d'en déduire l'existence d'un règlement de compte (Cass., 24 janvier 1906, *D.*, 1906, 1, 255; *G. P.*, 1906, 1, 194), de même que la remise de traites acceptées en paiement d'un compte d'opérations de Bourse ne constitue pas le règlement définitif dont peut exciper le coulissier si l'ensemble des traites ne solde pas exactement le compte (Trib. com. Seine, 1er août 1903, *La Loi*, 20 nov. 1903). En effet, des acomptes en espèces ou en effets de commerce peuvent intervenir aussi bien avant règlement qu'après, de telle sorte que l'existence d'un paiement par acompte n'est nullement de nature à faire présumer un règlement préalable.

Verser des acomptes sur l'exécution accusée, mais non encore justifiée, de la mission d'un mandataire, c'est bien reconnaître le mandat ; ce n'est pas donner quitus de la gestion du mandataire.

En dépit de toutes ses fluctuations de débit et de crédit, le compte subsiste avec son caractère primitif et, par suite, alors, d'ailleurs, qu'il ne s'agit pas d'un véritable compte courant susceptible, à ce titre, d'effet novatoire (Paris, 5 juillet 1897, et 2 août 1900, *G. P.*, 1897, 2, 226 ; *Le Droit*, 9 octobre 1900), le mandant conserve intact son droit à la vérification des opérations qui n'ont donné lieu qu'à des acomptes.

Mais il arrive un moment où, de lui-même, le mandant doit se préoccuper d'exercer son droit de contrôle : c'est lorsqu'il reçoit ou qu'il paie, non pas des acomptes, mais l'intégralité du solde du compte.

En effet, le paiement intégral est un acte fondamental puisqu'il est destiné à éteindre la dette, ce qui en suppose l'existence et en parachève les effets.

Cela est vrai surtout d'un paiement qui coïncide avec la cessation des relations. Celui qui reçoit ou qui paie à ce moment son solde doit savoir qu'il ne peut ajourner sa demande de justifications puisqu'il clôture le compte (Trib. com. Seine, 17 décembre 1906, *G. P.*, 1907, 1, 566).

Une confusion pourrait se produire dans l'esprit de

celui qui s'acquitte ou qui encaisse à chaque liquidation les soldes pour l'instant acquis, alors que les opérations s'échelonnent encore sur l'avenir. Pour qui n'est pas un familier de la Bourse, rien ne ressemble plus à des exécutions partielles que ces paiements mensuels qui, pourtant, en droit, à raison de la divisibilité des liquidations, soldent des comptes distincts.

Qu'on suppose, par exemple, un spéculateur ayant traité 1000 quintaux de blé sur les quatre derniers; la livraison devant s'opérer par quart, c'est-à-dire à raison de 250 quintaux sur chacun des mois de septembre, octobre, novembre, décembre, et les soldes ayant été régulièrement payés dans les premiers jours ayant suivi chaque fin de mois, la liquidation de décembre étant seule restée en souffrance, dira-t-on qu'on ne pourra revenir sur les comptes soldés de septembre, octobre et novembre ? Si, vérifiant pour le compte de décembre l'achat initial, dont les effets s'échelonnent sur les quatre mois, on découvre que l'opération est nulle, maintiendra-t-on cependant l'effet du paiement pour les trois autres mois ? Ou bien, pour se débarrasser de l'objection qu'une même opération ne peut être considérée à la fois comme nulle et comme valable, étendra-t-on l'effet du paiement d'une mensualité à toute autre restant en souffrance pour les valider ainsi du même coup ?

Autre hypothèse. Un spéculateur achète pour fin de mois, 100 De Beers; la liquidation étant venue sans qu'il ait au préalable revendu la quantité achetée, il aurait à livrer, s'il ne trouvait le moyen de se faire reporter.

Le report, en comptabilité de Bourse, s'exprime par une compensation établie au moyen d'une inscription de vente au jour de la liquidation, lorsqu'il s'agit d'une position acheteur à faire reporter, avec reprise de la position originaire à la liquidation suivante, le tout à un cours spécial dit cours de compensation augmenté (ou parfois diminué) du prix de cette prorogation d'échéance, soit taux du report (ou déport, ou encore bonification, en cas de diminution), et étant observé que ce renouvellement de contrat peut aussi, parfois, avoir lieu au pair.

Normalement, le spéculateur qui s'est fait reporter doit acquitter le solde de la liquidation balancée par la compensation qui forme l'un des éléments du contrat de report.

Dira-t-on que ce paiement comporte approbation implicite de l'opération qu'on a fait reporter, à ce point que la vérification n'en pourra plus être faite ni pour la liquidation initiale ni pour la suivante ? Ou bien doit-on scinder l'étendue et la portée des vérifications ?

Il convient, en effet, de remarquer que, si le contrat de report est complet par lui-même, lorsqu'il réunit les éléments dont il se compose essentiellement et s'il n'existe aucune indivisibilité entre le report et l'opération originaire, il est encore nécessaire, pour que le contrat soit valable, que le consentement du donneur d'ordre ait été donné librement, en connaissance de l'obligation primitive et ne soit pas entaché d'un vice prévu par l'article 1109 Code civil, c'est-à-dire donné par erreur ou surpris par dol. C'est ce qu'a jugé la Cour de Paris, par arrêt du 26 avril 1905, annulant des reports d'opérations majorées qui, elles-mêmes, ont été annulées. (Sur pourvoi, arrêt de rejet de la Chambre des requêtes du 30 juin 1909; le texte de ces arrêts, avec les conclusions de M. l'avocat général Feuilloley, est au *Dalloz*, 1910, 1, 5 et suiv.).

Supposons, maintenant, des liquidations à la Bourse

du commerce ou à la Bourse des valeurs se suivant sans s'enchevêtrer.

Un spéculateur, par exemple, a opéré sur janvier, février, mars, avril et mai, achetant et vendant successivement pour chaque liquidation séparément; la liquidation de janvier donnant un solde créditeur, le spéculateur encaisse la somme qu'on s'est empressé de lui envoyer; les liquidations de février, mars et avril se traduisent par des soldes débiteurs qui, très correctement, sont acquittés à première demande; puis mai étant venu et se soldant encore par une différence, notre spéculateur, dont les ressources sont épuisées, décide de s'arrêter et avant de clore les relations par le paiement du solde dernier, il demande la vérification de toute la gestion de son mandataire.

Celui-ci alors oppose, pour tous les mois dont le solde a été payé, l'exception de règlement par net appoint.

Comment supposer pourtant qu'en payant intégralement ses différences et en accomplissant ainsi l'obligation qui lui incombait de ne pas laisser son mandataire à découvert pour des avances et des courtages se réglant mensuellement dans l'usage, le spéculateur ait, en même temps et du même coup, entendu ratifier les opérations dont les résultats lui étaient indiqués sans que, d'aucune façon, il eût été à même de vérifier la réalité des opérations et de leur montant ?

« Si, a jugé le Tribunal de commerce de la Seine, le 23 mai 1906, le mandant accomplit le devoir lui incombant en payant même par net appoint ses différences, ce fait ne saurait à lui seul libérer le mandataire des obligations qui découlent du mandat. »

Dans ses conclusions devant la Cour de cassation sur le pourvoi contre l'arrêt de la Cour de Paris, du

30 octobre 1907, infirmatif du jugement du tribunal de commerce, du 23 mai 1906, M. l'avocat général Feuilloley s'est notamment exprimé ainsi : « Quand je règle, en connaissance de cause, un compte qui m'est présenté, c'est que j'en ai reconnu l'exactitude ou que, tout au moins, j'aï entendu le ratifier. Il s'est ainsi établi entre le *solvens* et l'*accipiens* un contrat contre lequel les parties ne peuvent plus revenir. C'est pourquoi l'action en révision de compte réglé n'est ouverte que dans certains cas limitativement déterminés par la loi. Mais, parce que j'ai versé des fonds, je n'ai pas nécessairement par cela même entendu ratifier les opérations qui sont à la base du compte, si ces opérations sont entachées de nullité. Je n'ai pu les ratifier que si, instruit des vices dont elles sont entachées, j'ai entendu couvrir et réparer ces vices. »

Néanmoins, la Chambre des requêtes de la Cour de cassation, par arrêt du 1er mars 1909, a rejeté le pourvoi contre l'arrêt de la Cour de Paris, du 30 octobre 1907, dont le principal motif était le suivant :

« Considérant qu'en matière d'opérations de Bourse, il est de principe que le paiement en espèces et pour solde donné par le donneur d'ordres en connaissance de cause constitue un règlement définitif qui le rend non recevable à demander à son mandataire toutes justifications et à soulever toutes réclamations ultérieures. »

La Chambre des requêtes a, le 1er mars 1909, rejeté le pourvoi par les motifs suivants :

« Sur le moyen unique pris de la violation des articles 536, 537, 541 Code proc. civ., 1338, 1376, 1984, 1993 et suiv. Code civ. et 7 de la loi du 20 avril 1810 :

Attendu qu'il est constaté, en fait, par l'arrêt attaqué, qu'en ce qui touche les opérations traitées sur les alcools, les farines, les blés et les sucres, du mois de mai 1904 jusqu'à, y compris, juillet 1905, de S... ne soulève aucune difficulté sur les ordres donnés, le nombre et l'importance des marchés et la nature des contrats ; qu'il résulte des documents soumis à la cour qu'à chaque liquidation les décomptes étaient adressés à de S..., qui les examinait ou les faisait examiner ; que, suivant qu'il était constitué créditeur ou débiteur, il encaissait le montant de la somme qui était due ou envoyait à Sam Lévy Simons un chèque pour solde et par net appoint ; que toutes les opérations étaient définitivement réglées et les comptes apurés pour solde en juillet 1905 ;

Que de S..., sans affirmer que les arrêtés de comptes intervenus entre lui et Sam Lévy Simons soient entachés d'erreurs, de faux ou de double emploi, se borne à réclamer à son mandataire des justifications de la réalité des opérations ;

Attendu que les opérations ayant été, d'après les constatations de l'arrêt attaqué, complètement réglées par de S... en connaissance de cause, celui-ci ne peut avoir action pour répéter les sommes par lui versées ;

Qu'en rejetant sa demande, par ces motifs, l'arrêt qui, d'ailleurs a satisfait aux prescriptions de l'article 7 de la loi du 20 avril 1810, loin de violer les articles de loi visés par le pourvoi en a fait, au contraire, une exacte application. »

De l'arrêt de la Cour d'appel de Paris, du 30 octobre 1907 et de l'arrêt de rejet de la Chambre des requêtes du 1er mars 1909, on peut rapprocher, pour en comparer les doctrines, un arrêt de Caen, du 6 mai 1907, et un arrêt de rejet de la Chambre des requêtes, du 30 juin 1909 (toutes ces décisions rapportées dans *Dalloz*, 1910, 1, 5 et suiv.).

« Attendu, dit la Cour de Caen, qu'en droit il est de principe qu'un règlement de compte n'est pas sujet à révision, mais qu'il n'en est ainsi qu'autant que ce compte a été signé et que le paiement a été effectué en parfaite connaissance de cause; que si celui qui l'a signé a été trompé sur la nature des opérations liquidées, le règlement et le paiement qui a suivi ne lui sont pas opposables; qu'il peut, en ce cas, demander la nullité des opérations et la restitution des sommes ou effets par lui remis. »

Etant donné que cet arrêt avait déduit des constatations de fait que, les banquiers ayant contrevenu au mandat qui leur avait été donné, les paiements et règlements par traites consentis par le donneur d'ordres l'avaient été dans l'ignorance des vices qui entachaient ses obligations, la Chambre des requêtes a décidé qu'une telle appréciation était souveraine et justifiait la décision intervenue, d'ailleurs dûment motivée.

En définitive, de ces arrêts en apparence contradictoires, de 1909 (1er mars et 30 juin) il ressort que la Cour de cassation laisse aux juges du fait le soin d'apprécier la portée du règlement et du paiement par net appoint en espèces ou en billets. C'est déjà ce qui ressortait de l'arrêt de Cassation du 27 novembre 1907, cité et analysé au début de ces développements.

En fait, le tribunal et, éventuellement, la cour d'appel ont à rechercher dans les pièces et dans l'ensemble des circonstances si le règlement plus ou moins exprès, si le paiement en espèces ou par billets, ont eu lieu en connaissance de cause, ou, au contraire, dans l'ignorance des vices pouvant entacher l'obligation.

La forme, directe ou indirecte, du règlement n'a pas de portée décisive à cet égard. Ainsi que le fait observer un jugement du Tribunal de commerce de la Seine, du

17 décembre 1906 (*G. P.*, 1907, 1, 566), le paiement intégral ou « net appoint » ne saurait être considéré comme la seule façon pour un mandant de faire connaître et d'exprimer son intention de donner décharge à son mandataire.

La remise de billets ou de traites acceptées représentant le solde débiteur du compte constitue un règlement de même force que le paiement.

Le paiement effectif par net appoint, au moyen de remise d'espèces ou de livraison de titres, n'est nullement indispensable, pas plus que la souscription d'une reconnaissance ou d'effets de commerce : le règlement de compte peut résulter d'une décharge expresse ou tacite du mandat, de telle sorte que, même sans paiement effectif ou sans souscription d'effets, le mandant peut avoir réglé définitivement, eût-il laissé subsister un solde à son compte. (Voir Trib. com. Seine, 19 déc. 1906, déjà cité, *G. P.*, 1907, 1, 566.)

Comme le dit un vieux proverbe de notre droit français, on lie les hommes par des paroles et autant vaut une simple promesse ou convenance que des actes solennels.

Pourquoi faudrait-il que la balance des francs et centimes du net appoint intervînt pour sanctionner l'accord sur le compte et sur les éléments dont on a été à même de vérifier la réalité ?

Ce qu'il importe surtout d'envisager ce sont les conditions intrinsèques du règlement ou du paiement.

Il faut rechercher si ce règlement ou ce paiement a été fait en connaissance de cause.

La connaissance de cause c'est la connaissance que l'on a de la situation réelle, c'est-à-dire de la non-existence ou, au contraire, de l'existence de vices entachant le compte; ce peut n'être aussi que la seule connaissance de la *possibilité* de l'existence de ces vices.

Dans le premier cas, le règlement constitue l'exécution pure et simple de l'obligation de mandant; dans le second cas, c'est une ratification; dans le dernier, c'est la renonciation au droit de vérification.

Aux termes de l'article 1338 du Code civil, « L'acte de confirmation ou ratification d'une obligation contre laquelle la loi admet l'action en nullité ou en rescision n'est valable que lorsqu'on y trouve la substance de cette obligation, la mention du motif de l'action en rescision et l'intention de réparer le vice sur lequel cette action est fondée. — A défaut d'acte de confirmation ou ratification, il suffit que l'obligation soit exécutée volontairement après l'époque à laquelle l'obligation pouvait être valablement confirmée ou ratifiée. — La confirmation, ratification ou exécution volontaire dans les formes et à l'époque déterminée par la loi, emporte la renonciation aux moyens et exceptions que l'on pouvait opposer contre cet acte, sans préjudice, néan-moins, du droit des tiers. »

Mais, en matière de commerce, hormis des cas spécialement déterminés (nantissement, lettre de change, etc.), la manifestation de la volonté des parties n'est astreinte à aucune forme déterminée, de telle sorte qu'une ratification ou renonciation en règle ne sont pas nécessaires et que ce ne sont pas seulement les pièces qui pourront renseigner sur la portée d'un règlement, mais encore l'ensemble des circonstances à apprécier par les juges.

Aussi la solution qui pourrait s'imposer vis-à-vis d'un professionnel de la Bourse peut-elle être tout autre vis-à-vis d'un spéculateur insuffisamment initié à ces affaires spéciales.

Comment pourrait-on admettre qu'un professionnel de la Bourse puisse, après règlement, exiger des justifications ? Pourquoi son intérêt devrait-il l'emporter sur celui du mandataire avec lequel il a épuisé ses droits en clôturant le compte, sans aucune observation, sachant qu'il lui était loisible de demander des justifications et n'ignorant nullement que la vérification pouvait avoir une réelle utilité, la contre-partie et la majoration n'étant pas des incidents dont l'éventualité dépasse les prévisions d'un homme de Bourse ?

Il est vrai qu'en considérant les opérations de contre-partie ou les opérations majorées comme inexistantes ou susceptibles même d'être entachées d'escroquerie ou d'abus de confiance, on peut objecter que, dans de telles conditions, la ratification ou l'abdication au droit de contrôle des conditions essentielles d'exécution du mandat, seraient inopérantes, le néant ne pouvant se ratifier, non plus que les délits.

A mon sens, cette objection ne serait pas décisive au regard d'un règlement émanant d'un professionnel de Bourse.

L'inexistence, ou encore le vice essentiel de l'opération de Bourse du fait de la contre-partie ou de la majoration, et, à plus forte raison, le délit, ne peuvent, en effet, se rencontrer que si le mandant a été trompé ou a pu l'être, de telle sorte que la ratification ou la renonciation au contrôle des opérations peuvent prendre, de la part d'un professionnel, le caractère d'un aveu implicite de la connaissance originaire de la manière dont opérait ou pouvait opérer le co-contractant. (Comparer Req., 11 janvier 1909, *D.*, 1909, 1, 529.)

Mais, dira-t-on, la contre-partie et la majoration qu'on soupçonne et qu'on tolère n'est-ce pas du jeu ?

Oui, incontestablement, si l'opération de Bourse ne

pouvait se concevoir que par sa réalisation en Bourse. Mais si, s'agissant de valeurs non cotées, c'est-à-dire de valeurs dont la négociation n'est pas réservée aux agents de change, on admet la possibilité de la négociation par contrat direct (voir ci-après, n° 24), il s'ensuit que le règlement de compte par ratification ou par renonciation au droit de contrôle, avec ou sans paiement effectif, est, en principe et à défaut de circonstances spéciales, pleinement efficace lorsqu'il émane d'un professionnel de Bourse.

Ce qui vient d'être dit du professionnel pourrait s'étendre au spéculateur qui serait un familier de la Bourse.

Mais s'il s'agit d'un profane, d'un spéculateur non rompu aux affaires de la Bourse, on ne peut pas présumer qu'alors qu'il n'a été aucunement question de la justification des opérations qui lui avaient été accusées, le mandant ait, au sujet de la façon dont son mandat aurait été exécuté, entendu couvrir de sa ratification ou de son indifférence les actes de contre-partie ou de majoration qu'il n'aurait pas connus et que rien ne pouvait lui faire prévoir, la fraude ne devant pas se supposer.

Pour qu'une renonciation à un droit soit valable, il faut que l'intéressé soit en état de ratifier ou de renoncer. C'est là une condition intrinsèque que vise le second alinéa de l'article 1338 et qui est exigée en matière commerciale comme au civil car elle est étrangère à la forme et concerne le fond.

Or, en principe, et à moins de circonstances décisives en sens contraire, le spéculateur qui a traité avec un banquier ou un commissionnaire en marchandises, en prenant celui-ci comme un simple intermédiaire et en réglant sans examen ni précisions spéciales, doit être considéré comme ayant toujours agi dans la pensée de l'existence réelle des opérations aux prix accusés, si bien qu'en cas d'erreur le même vice qui entachait les opérations vicie dès lors, dans sa base, le règlement lui-même.

Il s'ensuit que l'exception de règlement définitif, sous toutes ses formes et même sous celle d'un paiement effectif pour solde, exige la preuve de la connaissance de cause dans les conditions et suivant les situations qui viennent d'être examinées.

18. — En ce qui concerne les valeurs cotées ou plus exactement les valeurs officiellement cotées, c'est-à-dire les valeurs dont la négociation, aux termes de l'article 76 du Code de commerce, est réservée aux agents de change ou, encore, valeurs dites de Parquet, le moyen de règlement définitif en connaissance de cause se trouve limité à un seul cas, celui de paiement effectif pour solde.

L'article 76 du Code de commerce, dit la Cour de cassation (Chambre des requêtes), dans un arrêt du 15 mai 1911 (*G. P.*, 1911, 1, 726; *D.*, 1912, 1, 270), considère les effets publics comme étant de droit inscrits à la cote et il assimile aux effets publics les autres effets qui viendraient à être reconnus susceptibles d'être cotés, ce qui doit se comprendre des effets dont le cours est habituellement relevé, conformément à l'article 72 du Code de commerce et qui, par les conditions de régularité, de garanties sérieuses et de fréquence d'échanges dans lesquelles ils se trouvent, ont été jugés, par la Chambre syndicale des agents de change, aptes à être portés sur la cote officielle de la Bourse. (Voir la note dans *Dalloz*, 1912, 1, 270, au sujet des différentes interprétations données en doctrine et en jurisprudence à la disposition de l'art. 76 visant les effets publics et autres susceptibles d'être cotés.)

La distinction en valeurs cotées et valeurs non cotées a été consacrée par l'article 14 de la loi de finances, du 13 avril 1898, lequel oblige les banquiers à repré-senter à toute réquisition des agents de l'enregistrement les bordereaux d'agents de change, ou faire connaître les numéros et les dates des bordereaux, ainsi que les noms des agents de change de qui ils émanent s'il s'agit de valeurs admises à la cote officielle et s'il s'agit, au contraire, de valeurs non admises à la cote officielle, d'acquitter personnellement le montant des droits.

La disposition de l'article 76, dit encore la Cour de cassation (4 février 1910, *G. P.*, 1910, 1, 258, et *D.*, 1911, 1, 17), qui réserve aux seuls agents de change le droit de faire des négociations d'effets publics et assimilés, est générale et absolue et elle a moins pour objet d'assurer un monopole ou de protéger une fonction que de sauvegarder le crédit public.

Les effets portés à la cote officielle de la Bourse sont seuls soumis au privilège des agents de change.

Pour opérer sur ces valeurs, le spéculateur a pu entrer en relations soit avec un agent de change soit avec un banquier; celui-ci, ainsi que l'a jugé la Cour de Paris, le 10 février 1909 (*D.*, 1910, 2, 262) doit, de son côté, s'adresser à l'un des agents de change puisque la loi a conféré à ces officiers publics le monopole de la négociation desdites valeurs.

Lorsque le donneur d'ordres sollicite la vérification des opérations, l'intermédiaire doit donc justifier qu'il a fait exécuter les ordres par agent de change et que ni directement ni indirectement il n'a fait de contre-partie ou majoration.

L'emploi d'un intermédiaire sans qualité constitue ici un vice de plus dont l'exécution du mandat peut être atteinte en outre de la contre-partie et de la majoration ou qui, si l'on veut, englobe tous les autres.

Pratiquement, une vérification ne se demande pas à titre principal et unique; c'est un moyen qui tend à résister à une demande de paiement ou à la devancer en requérant la constatation de la nullité des opérations à défaut de leur justification, ou encore c'est un moyen pour répéter le paiement qu'on prétend avoir fait indûment.

Supposons que l'intermédiaire qui a assigné en paiement ou qu'on a assigné en nullité des opérations, faute de justifications, oppose qu'il n'aurait aucune justification à fournir à raison d'un règlement définitif résultant soit d'une reconnaissance formelle du solde du compte, soit de la souscription d'un billet ou effet de commerce dont il entend poursuivre l'exécution.

S'agissant de valeurs cotées, l'exception de règlement définitif serait, dans ces conditions, sans portée, l'ordre public ne permettant pas que, soit expressément, soit implicitement, on puisse reconnaître un effet valable à des actes que la loi prohibe.

Si, au contraire, la demande de justifications se produit après paiement par le donneur d'ordres, le banquier pourra, à l'action en répétition des sommes payées, opposer l'exception de règlement définitif, à la condition, bien entendu, de même que s'il s'agissait de valeurs non officiellement cotées, d'établir la connaissance de cause.

Il faut, d'autre part, que ce paiement ait été effectué volontairement et avec la portée d'une libre adhésion aux résultats des opérations; c'est ainsi que le règlement en effets de commerce ne serait à considérer à ce point de vue qu'autant que lesdits effets auraient été intégralement acquittés avant toute protestation (notamment Cass. req., 20 décembre 1905, *D.*, 1907, 1, 285).

Aux termes de cet arrêt, « En matière d'opérations de Bourse sur valeurs cotées faites en violation de l'article 76 du Code de commerce, le règlement définitif ne saurait résulter que du paiement volontaire en espèces; ne saurait constituer un règlement définitif le règlement effectué au moyen de billets à ordre même à la suite d'une transaction partiellement exécutée, si le donneur d'ordres n'a pas agi en pleine connaissance de cause : dès lors, est recevable la demande en nullité des opérations, alors surtout que le souscripteur des billets n'en a payé le montant entre les mains du tiers porteur que contraint et forcé ».

Tant qu'il n'y a pas eu paiement effectif du solde, on se trouve en présence de faits, d'actes ou d'accords qui tendent à acheminer à l'exécution des opérations illicites mais qui ne peuvent avoir aucune portée valable, les opérations illicites ne pouvant se ratifier ni se nover.

Lorsqu'au contraire, sachant d'ailleurs parfaitement à ce moment que le banquier auquel il s'était adressé a opéré sur valeurs cotées, soit directement soit par un autre intermédiaire sans qualité, le spéculateur n'hésite pas cependant à s'exécuter volontairement en payant effectivement et définitivement en espèces ou par livraison de titres ou, encore, par l'abandon formel de la couverture, une situation nouvelle est alors créée.

L'action en reddition de compte n'existe plus puisque le solde du compte a été en connaissance de cause approuvé et payé, et, s'il se peut que cette action soit susceptible de renaître, ce n'est que sous la forme d'une action en répétition de l'indû.

Or, il convient de remarquer que si, sous couleur d'opérations à terme, notre spéculateur s'était en réalité livré dès l'origine à un véritable jeu, entendant dispenser le banquier de recourir à des opérations réelles à effectuer par agent de change, la répétition ne serait pas admise, l'article 1967 du Code civil disposant qu'en aucun cas et en l'absence de dol, supercherie, ou escroquerie, le perdant ne peut répéter ce qu'il a volontairement payé.

Le paiement qui vient clore les relations des parties a toujours la même portée, dès lors que celui qui paye s'est associé au jeu ou à l'acte illicite, ou l'a, même, simplement toléré ou approuvé en réglant définitivement en connaissance de cause.

Si l'ordre public exige la prohibition du jeu en général (art. 1965 du Code civil) et la limitation des résultats pécuniaires de certains jeux (art. 1966), ainsi que la réglementation des spéculations sur certaines valeurs (notamment art. 76 du Code de commerce), un principe domine cependant cette matière, à savoir que la justice ne saurait se substituer à la détermination d'exécution effective que le perdant a cru devoir prendre et qu'il a librement et définitivement réalisée.

Il n'est pas indispensable que le paiement intervienne concomitamment avec l'approbation ou lui ait succédé. Il peut être valablement convenu (toujours pourvu que ce soit en connaissance de cause) que les sommes ou valeurs remises antérieurement demeureront la propriété du banquier pour règlement définitif de compte. (Voir à ce sujet les décisions citées par M. le professeur Levillain dans *Dalloz*, 1904, 2, 338, col. 2, et par M. le professeur Léon Lacour dans *Dalloz*, 1910, 2, 113.)

19. — On trouvera toutes indications de doctrine et

de jurisprudence sur le règlement définitif dans les dissertations de MM. les professeurs Levillain et Léon Lacour qui viennent d'être citées, ainsi que dans celles où ce dernier jurisconsulte a étudié et discuté la portée de l'article 541 du Code de procédure civile pour l'interprétation du règlement définitif, d'une part en matière de valeurs non cotées, d'autre part en ce qui touche les valeurs cotées (*Dalloz*, 1906, 2, p. 18, notes 14 et 15, sous Paris, 6 déc. 1904, 22 mars, 3 mai 1905; *Dalloz*, 1908, 1, 321, note 3 sous Cass. req., 27 novembre 1907; *Dalloz*, 1909, 1, 529, note 1 sous Cass. req., 11 janvier 1909; *Dalloz*, 1910, 1, 5. notes 1 et 2 sous Cass. req., 1er mars et 30 juin 1909; *Dalloz*, 1910, 5, 113, sous Dijon, 9 mars 1908).

Dans sa dissertation, M. le professeur Levillain examine, en outre, la portée de la passation en compte et celle de l'admission à faillite.

Le compte, lorsqu'il a les véritables caractères de compte courant, a bien l'effet novatoire de transformer en des articles de crédit et de débit les créances qui y sont inscrites et qui perdent ainsi leur individualité propre pour se transformer en éléments du solde appelé à se dégager de l'indivisibilité du compte lors de sa clôture, mais encore faut-il qu'il s'agisse de créances susceptibles de novation; d'où, on discute en doctrine et en jurisprudence sur la possibilité de régler définitivement par inscription dans un compte courant les résultats des opérations de Bourse sur valeurs cotées, effectuées par un intermédiaire sans qualité.

En ce qui concerne l'admission à faillite, l'arrêt de Caen, du 20 décembre 1901, qui a provoqué la dissertation de M. le professeur Levillain (*D.*, 1904, 2, 337) s'exprime ainsi :

« L'admission de l'intermédiaire comme créancier à

la faillite du donneur d'ordres, fixant irrévocablement sa créance dans son existence et dans sa quotité, emporte approbation de son compte, tant par le syndic que par la masse substituée au débiteur;

Et il en est ainsi, non seulement quand le syndic a su, dès le début, que les opérations, pour partie du moins, avaient eu lieu en coulisse, mais même dans le cas contraire, car alors il s'agit simplement d'une erreur, et il est de jurisprudence que toute créance admise sans protestation ni réserve de la part d'un syndic ne peut plus être contestée pour cause d'erreur de fait ou de droit dans l'appréciation des titres sur lesquels elle est fondée;

En conséquence, l'approbation du compte d'un banquier qui a fait des opérations de Bourse sans le concours d'un agent de change, par son admission à la faillite de celui pour lequel elles ont eu lieu, vaut attribution définitive à ce banquier des sommes et valeurs qui lui ont été remises en couverture et constitue un paiement effectif s'opposant à toute réclamation ultérieure du syndic;

En outre le paiement, en espèces, de dividendes par ce dernier constitue une approbation nouvelle de la créance;

Par suite, il existe un règlement définitif qui met désormais obstacle à toute action en reddition de compte ou restitution contre le banquier. »

Avec M. Levillain, il convient d'observer que l'admission à faillite suivie d'affirmation est considérée, par la jurisprudence qui paraît triompher et par la majorité des auteurs, comme rendant la créance désormais insusceptible de contestation tendant à sa suppression ou à la modification de son quantum, sauf dol, violence, force majeure qui aurait faussé la vérification et sauf encore le cas où des réserves auraient été faites par les intéressés; la contestation pour erreur de fait ou de droit ne serait pas admise. Suivant une expression courante, il y a contrat judiciaire dont les effets seraient assimilables à ceux d'un jugement.

Mais, comme le signale M. Levillain et ainsi qu'il ressort d'un arrêt de la Chambre civile de la Cour de cassation du 11 novembre 1885 (*Dalloz*, 1886, 1, 69), rendu au sujet du taux d'intérêt de l'argent, l'effet du contrat judiciaire résultant de l'admission pure et simple d'une créance au passif de la faillite est de mettre la créance à l'abri de toute contestation nouvelle tendant à l'anéantir, la réduire ou la modifier, mais toutefois sans que ce contrat judiciaire, pas plus que les autres conventions particulières, puisse déroger aux lois qui intéressent l'ordre public.

Dans ces conditions il est trop absolu de dire, comme le fait l'arrêt de Caen analysé ci-dessus, que la créance admise ne peut plus être contestée pour cause d'erreur de fait ou de droit dans l'appréciation des titres sur lesquels elle est fondée. Le surplus seul de l'arrêt est à retenir.

20. — La compétence étant fixée, le lien de droit établi, les modes de preuve non discutés et aucune question de règlement définitif ne pouvant être soulevée, on peut se heurter, pour la vérification du compte, au moyen de coulisse ou d'intermédiaire sans qualité.

Le banquier ou le spéculateur auquel paiement du solde est réclamé oppose qu'il s'agit d'opérations sur valeurs cotées faites, suivant accord des parties, sans ministère d'agent de change, ou en coulisse pour la Rente française.

De l'article 76 du Code de commerce disposant que

les agents de change ont seuls le droit de faire la négociation des valeurs cotées, une jurisprudence una-
nime et constante tire cette conséquence que les opérations sur ces valeurs, faites sans ministère d'agent de
change, sont frappées d'une nullité absolue et d'ordre
public et doivent être considérées comme nulles et non
avenues.

Il est jugé, en outre, que cette nullité doit être déclarée d'office et qu'elle ne saurait être couverte par une
renonciation ou ratification. Seul, ainsi qu'il a déjà
été expliqué ci-dessus au n° 18, un règlement définitif
de compte comportant paiement volontaire et en connaissance du caractère illicite des opérations mettrait
obstacle à l'action en nullité desdites opérations et
en annulation de leurs conséquences ainsi réalisées.
(Notamment Cass. req., 20 décembre 1905, *D.*, 1907,
1, 285 et les décisions en note, ainsi que dans *G. P.*,
1906, 1, 203.)

La nullité prononcée par l'article 76 du Code de commerce, dit l'arrêt de Cassation ci-dessus, peut toujours
être invoquée tant qu'il n'y a pas eu entre les parties
un règlement définitif de compte comportant paiement
volontaire et, par suite, renonciation à toute répétition.

Ce règlement définitif ne saurait résulter ni d'une
transaction intervenue entre le donneur d'ordres et l'intermédiaire dépourvu de qualité légale, s'il est démontré que le premier a transigé dans l'ignorance de
la fictivité découverte plus tard des opérations faites
en apparence au Parquet, ni du paiement d'effets sous-
crits par le mandant en exécution de la transaction si
ce paiement n'a pas été effectué volontairement.

Le donneur d'ordres a un intérêt certain et est recevable à exercer contre ses mandataires une action en
répétition des sommes et valeurs remises, lorsque ceux-

ci ne font pas la preuve contre lui qu'il connaissait, à la date de la transaction, la fictivité complète des opérations de Bourse faites pour son compte.

Les juges du fond peuvent ordonner une mesure d'instruction dans le but de rechercher si toutes les opérations indiquées dans les bordereaux comme faites au Parquet ou en coulisse, ont été exécutées réellement ou si, au contraire, elles ont été fictives.

Ainsi s'exprime l'arrêt de la Chambre des requêtes du 20 décembre 1905.

Le banquier ne peut se prévaloir des opérations pratiquées en violation de l'article 76 du Code de commerce pour en poursuivre le recouvrement, de même que le donneur d'ordres qui a autorisé le banquier à agir ainsi sans ministère d'agent de change est, de son côté, dépourvu de toute action pour réclamer le paiement du solde créditeur auquel auraient donné lieu lesdites opérations.

Il convient de remarquer que, même depuis la réorganisation de la Bourse, en 1898, et malgré l'usage bien établi de la négociation de la Rente française, tant au Parquet qu'en coulisse, où cette valeur a, en fait, une cote spéciale, tout au moins officieuse, les opérations sur la Rente doivent à peine de nullité être effectuées par ministère d'agent de change. (Ainsi jugé, notamment, par Trib. com. Seine, 20 novembre 1902, *G. P.*, 1903, 1, 214; Paris, 28 décembre 1905, *G. P.*, 1906, 1, 551; Paris, 24 mars 1909, *G. P.*, 1909, 2, 35.)

Toutefois, il a été fait échec à cette règle pour des négociations sur la Rente entre coulissiers par une décision du Tribunal de commerce de la Seine du 25 février 1905 (*La Loi* du 25 mai 1905), confirmée en appel par la 9ᵉ Chambre de la Cour de Paris, le 2 août 1905 (*Droit Financier*, 1906, 9).

Si, en effet, on peut dire que, pour la Rente française comme pour les autres valeurs officiellement cotées, la règle obligatoire de l'article 76 du Code de commerce impose, en principe, à l'égard de tous, le recours obligatoire au ministère de l'agent de change, lequel a pour but d'assurer, avant tout, la sincérité et la régularité des négociations, on pourrait, cependant, observer que, puisque la pratique de la négociation de la Rente en coulisse s'exerce au vu et au su du législateur, et ce, à raison d'un intérêt général d'élargissement du marché de cette valeur, les tribunaux ne sauraient méconnaître en toutes circonstances cet état de fait et s'en tenir à un refus absolu d'action en présence de situations spéciales dont il leur appartient de mesurer toutes les conséquences.

Comment comprendre qu'un banquier qui aurait, par exemple, encaissé de ses clients le montant des opérations par lui effectuées sur la Rente en coulisse puisse ensuite venir opposer l'illicité au banquier avec lequel il a lui-même traité pour ses clients, et garder par ce moyen le montant des soldes encaissés de ces derniers, s'enrichissant ainsi contre toute justice au détriment des uns et des autres.

Lorsque l'application pure et simple et pour ainsi dire mathématique ou mécanique d'une loi, ou plus exactement des théories qu'on fait découler des textes, conduit à de telles conséquences, il appartient aux juges de rechercher si l'intention du législateur a pu être d'aller jusqu'à autoriser ainsi la méconnaissance des principes supérieurs d'équité et de justice. Comme l'a dit Montesquieu (*Esprit des Lois*, XXIX, 16), les lois ne doivent point être subtiles; elles ne sont point un art de logique mais la raison simple d'un père de famille.

Qu'entre un banquier et un spéculateur s'entendant entre eux pour procéder à l'exécution de négociations sur la Rente en coulisse, le législateur refuse en principe toute action en justice, afin de sauvegarder le respect du ministère de l'agent de change, cela se comprend ; mais permettre à un banquier de s'autoriser de cette règle générale pour retenir au détriment d'un collègue ce qu'il aurait reçu du public, ne serait-ce pas une œuvre d'iniquité que la loi ne peut avoir songé à couvrir ?

Ce sont peut-être ces considérations qui déterminèrent la décision du 25 février 1905 et l'arrêt confirmatif du 2 août 1905. En tout cas, on doit reconnaître que cette façon de voir est demeurée isolée.

Pour la Rente comme pour toutes autres valeurs cotées, l'accord qui dispense le banquier de recourir au ministère de l'agent de change a pour effet de priver les parties de toute action en justice à l'occasion de telles opérations.

Bien mieux, sur la poursuite du ministère public mis en mouvement par la plainte d'un donneur d'ordres, deux coulissiers associés qui opéraient sur la Rente en coulisse ont été condamnés pour immixtion dans les fonctions d'agent de change et le banquier qui, ayant reçu les ordres les leur avait transmis au lieu de s'adresser à un agent de change, a été, de son côté, condamné pour ce fait. Voici le résumé de ce jugement (Trib. corr. Seine, 11ᵉ Ch., 27 janvier 1911), dont le texte est rapporté dans la *Gazette du Palais*, 1911, 1, 494 :

« Quels que soient les commentaires émis au cours des travaux préparatoires avant le vote de l'article 14 de la loi de finances du 13 avril 1898, cette disposition législative, par son libellé même, réserve aux seuls agents de change le privilège qui leur était déjà reconnu par l'article 76 Code commerce pour la négociation des valeurs admises à la cote officielle, sans aucune distinction et ne formule pas d'exceptions pour les négociations en coulisse portant sur la Rente;

Par suite, commet le délit d'immixtion dans les fonctions d'agent de change, prévu et puni par les articles 7 et 8 de la loi du 28 ventôse, an IX et l'article 4 de l'arrêté du 27 prairial, an X, le banquier inscrit à la feuille de la Rente, qui effectue, en coulisse, des opérations à terme sur la Rente française, et se rend également coupable de l'infraction visée par l'article 6 de l'arrêté du 27 prairial, an X, le banquier qui confie à d'autres qu'à un agent de change l'exécution des ordres de ses clients sur la même valeur cotée;

Ni la tolérance observée en fait depuis 1898, ni la bonne foi des prévenus ne sauraient être ici utilement invoquées. D'une part, cette tolérance ne saurait faire échec à des dispositions législatives précises non encore abrogées, et, d'autre part, la bonne foi demeure sans effet s'agissant, en l'espèce, d'infractions qui consistent en la violation matérielle desdites dispositions, en sorte que l'intention délictueuse se confond avec le fait même de cette violation, indépendamment de toute pensée de fraude. »

Il est donc bien établi que pour la Rente française, comme pour les autres valeurs cotées, la négociation n'en peut se faire que par ministère d'agent de change.

On se demande si, dépourvu d'action pour le solde du compte comme ayant autorisé le banquier à opérer sans ministère d'agent de change, le donneur d'ordres illicites n'a pas droit, cependant, à la restitution de la couverture.

D'après un premier système, qu'elle ait été remise à titre de paiement anticipé ou simplement comme nantissement ou garantie, la couverture d'opérations effectuées en violation de l'article 76 ne peut, en aucun cas, être réclamée par le donneur d'ordres qui s'est fait complice de cette illégalité.

Suivant un second système, la couverture est sujette à restitution si elle a été simplement remise à titre de nantissement ou garantie; elle demeure, au contraire, définitivement acquise au banquier si elle lui a été remise à titre de paiement anticipé.

Le principe de ce deuxième système est le même qu'en matière de jeu ainsi qu'indiqué ci-dessus n° 18 *in fine*. On ne peut revenir sur le paiement, même fait par avance, d'une dette de jeu (voir notamment Guillouard, *Traité des contrats aléatoires*, n° 89); au contraire, le nantissement, gage ou garantie quelconque, n'étant pas un paiement et ne constituant qu'un contrat accessoire, ne saurait avoir plus de valeur que le contrat principal qu'il avait pour but de garantir.

D'après M. le professeur Levillain qui, dans la note déjà citée (*Dalloz*, 1904, 2, 338, 2ᵉ col.), interprète en ce sens des décisions auxquelles il renvoie, un troisième système se serait récemment fait jour : il consisterait à déclarer que, dans le cas même où la couverture est fournie à titre de paiement ou de dation en paiement anticipés, le donneur d'ordres a le droit de la répéter en se fondant sur l'illégalité des opérations, tant que, dans un règlement opéré avec l'intermédiaire après reddition et approbation de son compte, il ne l'a pas autorisé, en connaissance de cause, à s'approprier les sommes ou les valeurs remises.

Sur les divers systèmes au sujet du caractère de la couverture, sur la remise d'une couverture en compte courant, sur la détermination du caractère de la couverture d'après la nature des titres et d'après l'intention des parties ressortant de l'ensemble des circonstances de la cause, sur l'indisponibilité, le cas échéant, de la couverture après assignation en répétition et sur l'impossibilité, en ce cas, de recourir à une autorisation de justice pour la réalisation, on trouvera toutes références de doctrine et de jurisprudence et toutes indications utiles dans la dissertation de M. Levillain, au *Dalloz*, 1904, 2, 337, et dans celle de M. Léon Lacour, au *Dalloz*, 1910, 2, 113.

Il appartient aux tribunaux d'interpréter le caractère à attribuer à la couverture.

Ainsi, dans une affaire d'opérations sur valeurs cotées où le banquier avait délivré un reçu imprimé portant que les titres lui étaient remis pour paiement anticipé d'opérations faites ou à faire à terme, entre les parties par contrat direct, la Cour de Paris, par arrêt du 8 mars 1911 (*G. P.*, 1911, 2, 109), a rappelé d'abord ce principe qu'il appartient aux juges d'interpréter les stipulations ambiguës ou douteuses du contrat, d'en déterminer le sens et la portée, les conséquences juridiques et de leur attribuer la qualification que le contrat comporte; puis, la cour a considéré que le donneur d'ordres avait entendu déposer les titres en couverture pour garantir le résultat des opérations qu'il traitait; que, dans sa correspondance, le banquier ne parlait que de couverture; qu'il demandait dans une de ses lettres la couverture promise; que dans ses prospectus où il expliquait le mécanisme des opérations qu'il proposait à ses clients, il parlait de couvertures en dépôt; qu'il était dès lors manifeste que les titres avaient été remis à titre de nantissement et que l'appellation de paiement anticipé n'avait été créée par le banquier que pour se dérober aux conséquences de ses actes.

Dans ces conditions, la restitution de la couverture a été ordonnée.

De ce jugement on peut rapprocher un arrêt de la Chambre des requêtes du 31 juillet 1907 (*D.*, 1910, 1, 254) qui a décidé qu'une dette de jeu peut bien faire l'objet d'une dation en paiement mais non d'un nantissement, spécialement d'un nantissement par assurance sur la vie, et qu'il appartient aux juges du fond de déclarer, par interprétation des actes et de l'intention des parties, que la stipulation d'une assurance sur la vie par un débiteur au profit de son créancier a le caractère d'une garantie supplémentaire pour sûreté et remboursement de la créance et non d'une dation en paiement.

Voilà pour les résultats des opérations et pour la couverture en cas de complicité du donneur d'ordres dans la violation de l'article 76 du Code de commerce.

Quant à celui auquel le banquier qui a opéré en violation de cet article tente d'opposer le moyen d'intermédiaire illicite ou moyen de coulisse en alléguant un accord qui n'aurait pas, en réalité, existé, il a droit au solde accusé à son profit, de même qu'il peut obtenir restitution de la couverture.

Le solde accusé est dû à titre de dommages-intérêts. Quant à la couverture qui avait été remise en vue d'opérations licites, elle se trouve sans cause aux mains du banquier qui procède sans ministère d'agent de change et doit dès lors être restituée.

Sur le droit au solde accusé et ce à titre de dommages-intérêts, voir Paris, 17 juin 1893 (*G. P.*, 1893, 2, 443).

Sur le droit à la restitution de la couverture, Cass., 13 mars 1889 (*Dalloz*, 1890, 1, 472; *Sirey*, 1892, 1, 376), 20 juillet 1891 (*G. P.*, 1891, 2, 448); Poitiers, 22 mai 1892 (*G. P.*, 1892, 1, 756); Paris, 16 novembre 1892 (*G. P.*, 1892, 2, 650), 17 juin 1893 (*G. P.*, 1893, 2, 443), 20 octobre 1894 (*G. P.*, 1894, 2, 615); Trib. com Seine, 29 novembre 1899 (*G. P.*, 1900, 1, 426), 5 mai 1900 (*La Loi*, 16 juillet 1900; *Le Droit*, 10 juin 1900); 25 septembre 1901 (*Journal des Trib. de com.*, 1903, 292), 18 septembre 1902 (*G. P.*, 1902, 2, 458), 1er août 1903 (*G. P.*, 1903, 2, 350); Paris, 28 décembre 1905 (*G. P.*, 1906, 1, 551); Cass. req., 20 déc. 1905 (*D.*, 1907, 1, 285); Dijon, 9 mars 1908 (*D.*, 1910, 2, 113).

Par les décisions du 25 septembre 1901 et du 1er août 1903, citées ci-dessus, le Tribunal de commerce de la Seine a jugé que c'est au banquier qui prétend conserver la couverture à établir qu'il a été autorisé à procéder autrement que par ministère d'agent de change. En effet, peut-on dire, l'intention de commettre des actes nuls et susceptibles d'entraîner en même temps un sacrifice d'argent ne saurait se supposer et s'admettre sans justification précise.

Les juges apprécient d'ailleurs si, des faits et circonstances de la cause, ressort la preuve de l'adhésion consciente du mandant à la violation de la loi.

C'est ainsi que l'on peut voir des appréciations, en sens divers, tirées des circonstances de la cause, dans les décisions suivantes : Tribunal de commerce de la Seine, 29 novembre 1899 (*G. P.*, 1900, 1, 426), Paris, 19 janvier 1901 (*G. P.*, 1901, 1, 746), Tribunal de commerce de la Seine, 12 novembre 1904 (*G. P.*, 1905, 1, 519), Paris, 28 décembre 1905 (*G. P.*, 1906, 1, 551), Tribunal de commerce de la Seine, 1er août 1906 (*G. P.*, 1906, 2, 412), Dijon, 9 mars 1908 (*D.*, 1910, 2, 113).

21. — Si le spéculateur qui veut opérer sur valeurs cotées a passé directement ses ordres à un agent de change, dans quelles conditions se fera la vérification ?

Aux termes de la jurisprudence qui prévaut aujourd'hui, les bordereaux ou arrêtés de compte établis par l'agent de change, s'ils ne constituent ni un titre ayant force exécutoire, ni même un titre authentique faisant preuve jusqu'à inscription de faux, peuvent néanmoins suffire en matière commerciale, à titre de présomption grave, pour fournir la justification des opérations.

On peut voir, à cet égard, les décisions suivantes : Paris, 4 décembre 1902 (*G. P.*, 1902, 2, 692; *D.*, 1904, 2, 297), Trib. com. Seine, 12 février 1903 (*G. P.*, 1903, 1, 477), et 2 novembre 1903 (G. P., 1903, 1, 568), Trib. com. Nantes, 29 mars 1904 (*Recueil de Nantes*, 1905, 1, 34), Trib. com. Seine, 11 juin 1904 (*Dalloz*, 1906, 2, 14) et 25 mars 1905 (*G. P.*, 1905, 2, 15), Trib, com. Lyon, 31 août 1906 (*Gaz. Com. Lyon*, 12 décembre 1906).

De même, il a été jugé par la Cour de Bordeaux, le 6 juillet 1903 (*Mémorial de Bordeaux*, 1903, 1, 279), que le client d'un agent de change qui a été tenu au courant des suites données à ses ordres et à qui ont été régulièrement envoyés les comptes de liquidation de quinzaine durant la période des opérations faites par lui, sans que ces comptes aient été, de sa part, l'objet d'aucune critique, n'est pas fondé, sur une suspicion que rien n'autorise, à demander que des investigations soient faites sur la façon dont l'agent de change a rempli son mandat.

Il importe de remarquer que, dans la pratique, le bordereau est l'arrêté de compte d'une opération au comptant et que le compte de liquidation est l'arrêté de compte d'opérations à terme. (Voir, d'ailleurs, à ce sujet le jugement du Tribunal de commerce de la Seine du 25 mars 1905, cité ci-dessus et Cour de Lyon, 4 février 1909, *Moniteur jud. de Lyon*, 26 mars 1909.)

S'appuyant sur cette jurisprudence et se retranchant, d'autre part, derrière le secret professionnel imposé aux agents de change par l'arrêté du 27 prairial, an X, et le décret du 7 octobre 1890, l'agent de change auquel son compte est demandé ne manque pas d'opposer que par la simple production du compte de liquidation il fait la preuve de la réalité des opérations.

D'après la jurisprudence, en effet, les originaux ou duplicata, signés, des bordereaux ou arrêtés de compte forment preuve suffisante de la réalité, alors du moins qu'aucun fait précis n'est articulé et qu'aucune présomption contraire ne s'élève ou n'est même indiquée contre ces productions.

Mais si les bordereaux et arrêtés de compte des agents de change constatant les opérations faites par eux ne peuvent être en principe l'objet d'une contestation, il n'en est pas de même du compte présenté par l'agent de change à son client. Il se peut, en effet, que les ordres soient déniés ou que les parties soient en désaccord sur le mouvement du compte. En ce cas, la contestation qui se produit peut être soumise à la justice et, si l'affaire présente un caractère commercial, elle sera portée devant la juridiction consulaire, laquelle pourra ordonner une instruction par arbitre-rapporteur. (En ce sens Lyon, 17 juillet 1883, *D.*, 1884, 2, 180; 7 juillet 1904, *Gazette comm. Lyon*, 6 déc. 1904; Trib. com. Marseille, 6 novembre 1906, *G. P.*, 1907, 1, 183).

Il semblerait que cette jurisprudence qui, sinon en droit, du moins en fait, couvre complètement les opérations de l'agent de change, devrait se limiter aux opérations de Parquet.

S'il est constant, en effet, que l'agent de change a qualité, hors de son monopole, pour négocier en banque les titres non admis à la cote officielle et pour certifier les opérations qu'il fait en cette qualité, il a été jugé qu'en pareil cas l'agent de change agit comme un simple mandataire de telle sorte que ses rapports avec son mandant doivent être régis par le droit commun sans qu'on ait à recourir aux dispositions du Règlement du 7 octobre 1890, spécial aux opérations de Parquet (Lyon, 8 novembre 1907, *Moniteur de Lyon*, 20 janvier 1908).

Précédemment, la même cour avait jugé que, s'il est vrai que des valeurs non cotées ni susceptibles de l'être ne peuvent être négociées qu'en coulisse, il est non moins certain que les négociations de cette espèce ne sont pas interdites à l'agent de change, lequel, dès lors, n'opère qu'en qualité de simple coulissier (Lyon, 27 mars 1902, *G. P.*, 1902, 2, 715).

Dans cette affaire, l'agent de change avait produit un extrait de ses livres et carnets, certifié conforme par le syndic de la compagnie, d'où résultait qu'il avait eu la contre-partie des opérations de coulisse en la personne d'autres agents déterminés. C'est dans ces conditions que la cour a considéré que le donneur d'ordres n'était pas fondé à contester la réalité des opérations, ni à prétendre que l'agent, son mandataire, ne lui fournissait pas de contre-partie et qu'il avait fait des opérations pour son propre compte, contrairement à l'article 85 du Code de commerce. Ainsi, est-ce grâce aux circonstances de fait que la cour a rejeté comme inutile et inopérante la mesure d'instruction qui était sollicitée et qui paraissait devoir se heurter à des difficultés de la part de l'agent, celui-ci étant en droit d'opposer le secret professionnel pour *certaines affaires* par lui négociées.

Enfin, le Tribunal de commerce de la Seine a jugé, le 11 juin 1904 (*Gazette du Palais*, 1904, 2, 145), que la négociation des valeurs non cotées rentre dans les attributions des agents de change, qu'elle constitue un fait de charge et engage leur responsabilité dans les mêmes conditions que s'il s'agissait de valeurs cotées. Si, en pareil cas, l'agent de change n'est plus l'intermédiaire indispensable, on ne peut toutefois concevoir que, par le fait qu'il exécute ou fait exécuter une opération sur des valeurs non cotées, il perde, pour cette négociations, sa qualité d'agent de change.

22. — A l'imitation des agents de change, les banquiers et les commissionnaires en marchandises opposent le secret professionnel ou, en termes moins solennels, le secret d'affaires, en ce sens qu'ils refusent d'ordinaire la communication de leur comptabilité à leurs clients ou aux conseils de ceux-ci et que, s'ils la représentent au mandataire de justice, ils entendent parfois en limiter l'examen à des points plus ou moins arbitrairement déterminés par eux-mêmes.

De son côté, se voyant refuser la communication à lui-même et à son conseil ou y renonçant, le donneur d'ordres émet quelquefois la prétention de procéder, en personne ou par son conseil, à des vérifications plus ou moins étendues dans la comptabilité du banquier ou du commissionnaire aux côtés de l'expert ou de l'arbitre-rapporteur.

Il ne réclame pas la communication des livres que l'article 14 du Code de commerce n'autorise, en effet, que dans les affaires de succession, communauté, partage de société et en cas de faillite; il ne paraît pas non plus requérir la représentation des livres qui, aux termes de l'article 15 du même Code, peut être ordonnée par le juge, même d'office, à l'effet d'en extraire ce qui concerne le différend; il explique qu'il devrait être mis en mesure de constater lui-même les écritures figurant sur les livres du banquier ou du commissionnaire, de s'assurer de leur sincérité, de parcourir lesdits livres pour rechercher si les écritures n'ont pas été contre-passées, de suivre les opérations depuis leur origine jusqu'à la conclusion définitive, sans qu'aucun obstacle soit apporté à cette vérification et sans qu'aucune limite soit fixée à ses investigations comptables.

On conçoit sans peine les dangers graves que pourrait faire courir aux intérêts du banquier ou du commissionnaire et à ceux de leur clientèle en général de pareilles investigations, si le donneur d'ordres était admis à y prendre part.

Le banquier ou commissionnaire est en droit de se refuser à un examen de sa comptabilité par le mandant ou par un conseil de ce dernier. En obligeant le mandataire à rendre compte de sa gestion, la loi n'a pas déterminé la forme dans laquelle cette reddition de compte doit avoir lieu; l'intérêt de tous est sauvegardé au moyen d'une instruction par arbitre-rapporteur ou par expert, lequel relève les justifications ressortant de la comptabilité.

C'est ce qu'a jugé notamment le Tribunal de commerce de la Seine, le 20 octobre 1906 (*G. P.*, 1907, 1, 17).

Toutefois, la justice ni ses auxiliaires ne pouvant instruire valablement un litige au moyen de pièces qui demeureraient secrètes pour l'une des parties, il pourrait advenir que l'on ait à se préoccuper d'une communication, tout au moins d'éléments essentiels de comptabilité pouvant nécessiter un examen personnel des intéressés; il appartiendrait alors au mandataire de justice, chargé de l'instruction, de prendre pour cette communication toutes mesures de nature à assurer le respect du secret d'affaires.

En dehors d'une nécessité spéciale d'examen, par les parties elles-mêmes, de certains éléments déterminés, l'exigence d'une communication s'appliquant à l'ensemble des justifications relevées par le mandataire de justice et par lui analysées, apparaîtrait comme dépourvue d'intérêt réel.

En voulant exagérer leur rôle dans les vérifications de comptabilité, les parties méconnaissent le véritable intérêt du litige dont l'instruction ne doit pas être retardée ou alourdie par des complications sans portée pratique.

Ce n'est pas seulement aux donneurs d'ordres qu'il arrive de manifester pour l'instruction des exigences excessives; des banquiers ou des commissionnaires en marchandises, sous couleur de sauvegarde de leurs droits ou intérêts, ou plus simplement pour leur commodité personnelle, mettent parfois peu d'empressement à se dessaisir de leurs livres aux mains du mandataire de justice quand ils ne vont pas même jusqu'à solliciter que l'examen en soit fait dans leurs bureaux mêmes, alors qu'une vérification d'opérations de Bourse exige avant tout le relevé méthodique et la critique patiente des opérations par un travail minutieux dans le silence du cabinet de l'instruction, au moins avec les éléments fondamentaux tels que le répertoire, les engagements ou les avis des contre-parties, et aussi, le cas échéant, leurs comptes, le surplus de la comptabilité pouvant, ·

en fait, n'être pas toujours déplacé suivant des circonstances à apprécier.

23. — Le banquier auquel s'est adressé le donneur d'ordres pour des opérations sur valeurs cotées, doit nécessairement se substituer un agent de change à raison du droit exclusif à la négociation de ces valeurs réservé aux agents de change par l'article 76 du Code de commerce.

Pour les opérations sur valeurs non cotées, dont le courtage est libre, le banquier opérera lui-même en Bourse s'il est inscrit à la feuille du terme ou groupe des coulissiers en valeurs à terme, alors qu'il s'agit d'opérations à terme ; s'il s'agit d'opérations au comptant, le banquier opérera dans le groupe des coulissiers en valeurs au comptant dont il ferait partie.

Si le banquier qui reçoit un ordre d'opérations sur valeurs non cotées ne fait partie d'aucun de ces groupes qui, avec celui des banquiers en Rente, constituent ce qu'on est convenu d'appeler la Coulisse par opposition au Parquet, ou bien si, étant coulissier au comptant, le banquier reçoit un ordre de Bourse à terme ou inversement, alors, tout naturellement, il se substitue pour l'exécution un autre banquier, coulissier ou non, à moins qu'il ne trouve, en dehors de lui-même, une contre-partie réelle soit de la part d'un autre banquier, même non coulissier, soit même dans sa clientèle.

L'application entre clients nécessite, de la part du mandataire de justice, la vérification minutieuse et délicate de la réalité de cette contre-partie exceptionnelle.

Quand le banquier a traité avec un autre banquier, comment justifie-t-il de l'exécution des ordres ?

Ou bien il a agi comme cocontractant, c'est-à-dire achetant pour son client ce que son collègue lui vend ou inversement; ou bien il a transmis à un autre intermédiaire le soin de faire les opérations en s'adressant à ce dernier, soit en son propre nom et comme commissionnaire ducroire, soit au nom de son client et par substitution pure et simple de mandat.

Le banquier qui reçoit des ordres de Bourse sur valeurs non cotées, peut-il indifféremment agir à sa guise comme cocontractant avec un autre banquier, ou passer les ordres comme commissionnaire, ou encore par substitution de mandat ?

Il y a là, avant tout, une question de circonstances et d'intentions au sujet de laquelle on trouvera quelques indications dans Trib. civ. Toulouse, 16 juin 1905 (*D.*, 1907, 2, 101); Trib. com. Seine, 29 décembre 1906 (*G. P.*, 1907, 1, 168); 9 janvier 1907 (*G. P.*, 1907, 1, 324); Grenoble, 25 octobre, 1907 (*Droit Fin.*, 1907, 615), et 4 août 1908 (*Rev. jur. Op. de Bourse*, 1908, 512; *Droit Fin.*, 1909, 128); Paris, 9e Chambre, 10 février 1909 (*D.*, 1910, 2, 262; *G. P.*, 1909, 1, 583); 3e Chambre, 13 mars 1909 (*D.*, 1910, 2, 259; *G. P.*, 1909, 1, 585); Lyon, 3 avril 1909 (*Droit Fin.*, 1909, 349); Douai, 22 juillet 1910 (*Droit Fin.*, 1911, 217).

Les tribunaux interprètent souverainement l'intention des parties dans les conventions. On ne saurait, dit le jugement de Toulouse, du 16 juin 1905, cité ci-dessus, interpréter l'ordre donné par une personne à un banquier d'acheter en son nom des actions d'une société, à un prix déterminé, comme devant être exécuté exclusivement sur le marché officiel des valeurs, et seulement si lesdites actions sont admises à la cote officielle; alors, du moins, que ce donneur d'ordres est une personne habituée aux opérations de Bourse sur des valeurs non cotées, et alors surtout que le mandat donné par lui au banquier ne contenait aucune stipulation à cet égard. Dès lors, cette personne n'est pas fondée à demander la résiliation du marché exécuté en coulisse en son nom par le banquier, alors surtout qu'en raison du silence gardé par elle pendant près de cinq années, elle doit être regardée comme ayant ratifié l'opération; l'indication donnée par le banquier à son client que l'opération a été faite « à la Bourse », doit être considérée comme signifiant simplement que ledit banquier ne s'est pas porté vendeur de titres en faisant la contre-partie de l'opération.

En cas de substitution de mandat, le donneur d'ordres a incontestablement contre le substitué l'action directe qu'autorise expressément l'article 1994 du Code civil.

Hormis le cas de substitution proprement dite de mandat résultant de ce que le banquier originairement mis en œuvre, se serait adressé à un autre intermédiaire en déclarant agir au nom du donneur d'ordres, ce dernier n'a pas d'action contre le tiers. (En ce sens, les décisions citées ci-dessus; en sens contraire, c'est-à-dire en faveur de l'action contre le tiers, Paris, 3ᵉ Ch., 8 février 1906, *G. P.*, 1906, 1, 361; *D.*, 1910, 1, 260, note b.)

Mais de ce que le donneur d'ordres est sans action contre le tiers avec lequel le banquier, son mandataire, a contracté, ou que celui-ci s'est substitué en agissant comme commissionnaire, s'ensuit-il que la vérification des opérations doive se faire, dans tous les cas, par la seule comptabilité dudit banquier, alors, d'ailleurs, que celui-ci produirait l'original du compte du co-contractant ou du substitué ?

Les décisions ci-dessus se prononcent pour l'affirmative, en même temps qu'elles écartent l'action du donneur d'ordres contre le tiers.

Toutefois, tant que l'on n'est pas en présence des éléments de fonctionnement des opérations à la Bourse elle-même, ne se peut-il pas que quelque incertitude subsiste sur la portée du compte des opérations pratiquées par un tiers ayant la qualité de cocontractant ou celle de substitué pour l'exécution ? L'importance qu'on attache à ce compte ne saurait résulter de sa nature propre, laquelle ne diffère pas de celle du compte du banquier directement en cause. Cette seule circonstance qu'il s'agit d'un tiers peut paraître assez fragile étant donné que ce tiers est d'ordinaire en relations suivies avec l'intéressé dans une matière où la participation, dans une mesure plus ou moins étendue et sous une forme quelconque, est assez habituelle, de telle sorte qu'ainsi que la pratique l'a démontré, les apparences peuvent être aisément en désaccord avec la réalité en raison de procédés insusceptibles d'apparaître dans une vérification limitée par principe aux écritures en la possession du banquier seul en relations directes avec le donneur d'ordres.

Aussi ne doit-on pas s'étonner qu'au cours d'une instruction, le donneur d'ordres, mis au courant des vérifications dégagées par le mandataire de justice, ne fasse observer qu'il se pourrait que, bien que comportant toutes les apparences de la réalité et de la régularité, les comptes des tiers-banquiers ne soient cependant irréguliers ou fictifs, sinon en totalité du moins sur certains points.

Néanmoins, à défaut d'une disposition spéciale du jugement, ou d'une autorisation expresse des intéressés lui ouvrant la comptabilité de ces tiers, le mandataire de justice ne saurait prendre aucune initiative d'investigation au regard de ces derniers.

24. — Lorsqu'à la demande de vérifications, le banquier répond qu'il n'a aucunes justifications à fournir comme ayant traité avec le spéculateur qui l'a mis en œuvre, non en qualité de mandataire, mais à titre de cocontractant direct, il convient de rechercher la réalité de cette entente, d'en examiner la portée ét, pour le cas où elle serait valable, d'en préciser les conséquences et d'en déterminer les résultats.

C'est la théorie du contrat direct fort controversée en doctrine et devant les tribunaux.

Qu'il me soit permis, dans l'état actuel d'incertitude de la jurisprudence, de donner mon avis, que je soumets à l'examen et à la critique sans prétendre l'imposer comme un dogme juridique.

Aux termes de l'article 1134 du Code civil, les conventions légalement formées tiennent lieu de loi à ceux qui les ont faites.

Elles ne peuvent être révoquées que de leur consentement mutuel ou pour les causes que la loi autorise.

Elles doivent être exécutées de bonne foi.

La question qui se pose avant tout est, dès lors, de savoir si les conventions de contrat direct dont se prévalent les parties sont, ou non, légales.

On remarque tout d'abord que, dans cette discussion, il ne peut s'agir que des valeurs non cotées, dont la négociation est libre, de telle sorte qu'en principe l'accord intervenu est acceptable comme ne violant pas l'article 76 du Code de commerce, lequel, dans un intérêt général et d'ordre public, a pour objet d'imposer l'entremise des agents de change pour la négociation des valeurs cotées.

A un autre point de vue, on est surpris de voir la plupart du temps en présence, dans ce genre de contrat, non pas deux professionnels ayant l'un et l'autre un aliment réel à leur commerce, mais, au contraire, un banquier ou un spécialiste de la finance ou des affaires en marchandises traitant avec un simple particulier, spéculateur d'occasion ou étranger en tout cas au commerce des valeurs ou des denrées de la Bourse du commerce.

Dans ces conditions, les deux cocontractants ne se proposent-ils pas tout simplement d'opérer par simples différences, en un mot de jouer sur la hausse et la baisse ?

D'ailleurs, en fait, et surtout, n'est-ce pas toujours par une simple différence que se traduisent ces opérations ? Ne serait-ce pas le cas d'appliquer l'exception de jeu de l'article 1965 du Code civil ?

Cette préoccupation, une loi spéciale la dissipe, à savoir la loi du 28 mars 1885 ainsi conçue dans son article 1ᵉʳ :

« Tous marchés à terme sur effets publics et autres, tous marchés à livrer sur denrées et marchandises, sont reconnus légaux. — Nul ne peut, pour se soustraire aux obligations qui en résultent se prévaloir de l'article 1965 du Code civil, lors même qu'ils se résoudraient par le paiement d'une simple différence. »

La Cour de cassation commente cette loi de la façon suivante :

« En déclarant expressément, en termes absolus et essentiellement impératifs, que nul ne peut se soustraire aux obligations résultant de tous marchés à terme sur effets publics ou autres, lors même qu'ils se résoudraient par une simple différence, la loi du 28 mars 1885, lorsque les opérations ont pris la forme de marchés à terme, a entendu interdire aux parties d'opposer l'exception de jeu et aux juges de rechercher l'intention des parties. »

On peut voir à ce sujet :

Cass. civ., 22 juin 1898, quatre arrêts (*D.*, 1899, 1,

5, avec le rapport de M. le conseiller Crépon, les conclusions de M. l'avocat général Desjardins et la dissertation de M. Lacour); Cass. req., 1er août 1904 (*D.*, 1904, 1, 583); 24 nov. 1909 (*D.*, 1911, 1, 129); 15 mai 1911 (*G. P.*, 1911, 1, 726).

La forme du contrat entraîne ici sa validité, sans qu'on puisse tirer du résultat une interprétation rétroactive de la véritable intention des parties.

Du moment que celles-ci ont traité d'effets publics ou autres sous la forme de marchés à terme, c'est-à-dire en s'engageant à des prestations déterminées pour une échéance donnée, peu importe que, dans l'intervalle de la naissance de l'obligation au jour prévu pour son exécution, il soit intervenu entre les intéressés d'autres affaires entraînant compensation à due concurrence avec les premières. Cette circonstance ne saurait rejaillir après coup sur la validité du contrat ni contribuer en quoi que ce soit à son interprétation.

Quoi qu'en pensent certains esprits, trop impressionnés par les faits, la loi du 28 mars 1885 n'a nullement eu en vue une catégorie déterminée d'intermédiaires, non plus qu'une nature particulière de marchés à terme à savoir ceux uniquement passés en Bourse.

S'agissant de valeurs non cotées et, encore que celles-ci se négocient à la Bourse, en coulisse, on se trouve en pareil cas en présence de valeurs de banque que chacun peut se procurer où bon lui semble et par qui il lui plaît. Si la loi du 28 mars 1885 a pu intervenir sous l'empire d'un état de fait mettant alors en lumière l'exclusivité presque absolue de la pratique, en Bourse et non ailleurs, des marchés à terme, cette loi n'a nullement limité son application au temple de la spéculation et aux rites alors en faveur.

La raison en est bien simple, c'est que la loi n'avait

pas à borner la volonté des parties à une catégorie d'actes contingents qu'elle aurait immuablement fixés dans leur manifestation du moment ou dont elle aurait laissé à une catégorie de privilégiés de fait (les banquiers opérant à la Bourse) la faculté de réglementer la marche et le progrès.

Par le seul fait qu'elle a visé les marchés à terme d'effets publics ou autres sans ajouter « pratiqués en Bourse », la loi de 1885 a entendu exclure toute distinction, toute catégorie.

Il suffit que les parties opèrent par marché à terme, soit en Bourse, soit directement entre elles, pour qu'elles ne puissent échapper à l'application de la loi qui reconnaît et proclame impérativement la légalité des marchés à terme.

« Attendu, dit notamment l'arrêt de la Chambre des requêtes du 24 novembre 1909 rendu au sujet d'un marché à terme de valeurs non cotées entre un banquier non coulissier et un particulier, qu'il est déclaré, en fait, par le jugement attaqué, que les opérations intervenues avaient été effectuées en vertu d'un contrat direct dont la validité n'était pas contestée;

Attendu qu'il est même stipulé dans ce contrat que les parties se réservaient mutuellement le droit de terminer les opérations par la levée ou la livraison de titres;

Attendu que les marchés de cette nature rentraient dans les termes absolus et impératifs de l'article 1er de la loi du 28 mars 1885; qu'il était, par suite, interdit aux parties d'opposer l'exception de jeu et que les juges n'avaient pas à rechercher si, en fait, il avait été procédé à des opérations comportant des levées et des livraisons effectives de titres;

Attendu qu'en statuant en ce sens, le jugement attaqué n'a violé aucun des textes susvisés, art. 1353, 1965 du Code civil, 1er de la loi du 28 mars 1885 et 7 de la loi du 20 avril 1810. »

Le fait qu'entre les parties il aurait été, en définitive, opéré par simples différences, est donc sans intérêt.

Il faut aller plus loin et répéter, avec les autres arrêts de Cassation déjà cités, que la forme adoptée de marché à terme sur effets publics ou autres, interdit de rechercher si les parties ne s'étaient pas uniquement proposé d'opérer par simples différences.

Mais, toutefois, en restant sur le terrain de la forme génératrice du droit, encore faut-il que les parties n'aient pas, par une manifestation spéciale de leurs intentions, dénaturé le contrat qu'elles prétendaient mettre au jour comme marché à terme et qui se serait, au contraire, présenté avec des stigmates révélatrices du vice de jeu.

Comme les dispositions de l'article 1965 du Code civil interdisant toute action pour les dettes de jeu sont d'ordre public (voir ci-dessus n° 9), lorsque les tribunaux sont en présence de contrats prétendant revêtir la forme de marché à terme mais qui, par certaines de leurs clauses, par leurs précisions mêmes ou par leurs lacunes, présentent une allure équivoque, il est du devoir des juges d'interpréter, même d'office, les stipulations ambiguës et douteuses du contrat pour en déterminer le sens, la portée et les conséquences juridiques.

Le fait du règlement par différences ne doit pas être pris en considération (ainsi le veulent la loi et les principes), mais il serait, par contre, antijuridique de prétendre couvrir par une soi-disant forme de marché à terme des conventions qui se révéleraient par leurs stipulations capitales comme du jeu pur et simple (voir notamment en ce sens Paris, 8 déc. 1909 et 26 janvier 1910, dans *Gazette des Tribunaux*, 9 janvier 1910, et *Droit Fin.*, 1910, 298), ou qui, par l'ambiguité de leurs clauses, laisseraient un doute sérieux sur le consentement d'une des parties au contrat direct.

C'est ainsi que la Cour de Paris, par l'arrêt du 8 décembre 1909 qui vient d'être cité, a considéré comme entachée de jeu et dès lors comme donnant lieu au refus d'action de l'article 1965, la convention aux termes de laquelle une seule des parties peut exiger l'exécution par levée ou livraison sans que les mêmes droits soient inversement attribués à l'autre partie.

Un autre point à envisager peut être celui de la couverture.

Pour un intermédiaire de Bourse, la couverture est de droit, car on conçoit qu'agissant pour le compte du donneur d'ordres, le banquier ait besoin d'être effectivement garanti par celui-ci des risques qu'il assume pour lui vis-à-vis de sa contre-partie de Bourse.

Entre contractants directs, fût-ce même, non pas entre deux banquiers, mais entre un banquier et un particulier, la couverture ne se conçoit pas, à moins toutefois d'une stipulation spéciale qui en fasse une clause particulière de conventions, comme il arrive pour les courtages que l'on transforme très valablement en bonifications, cette allocation n'ayant rien de contraire à l'ordre public. (Jurisprudence constante sur les courtages-bonifications, tant à la Bourse du commerce qu'à la Bourse des valeurs; on peut voir notamment à ce sujet, Paris, 6 déc. 1904, 22 mars 1905, 3 mai 1905, 11 nov. 1905, puis 22 novembre 1908; *Dalloz*, 1906, 2, 17 et 1910, 2, 12, avec les renvois; ainsi que Paris, 16 mars 1909, *Rev. jur. des Op. de*

Bourse, ce dernier arrêt décidant que les conventions de marchés directs sur valeurs non cotées sont licites et que l'exception de l'article 1965 du Code civil n'est pas opposable lorsque les parties se sont réservé le droit de livrer les titres et qu'enfin il est permis même en ce cas de stipuler un courtage.)

Mais pour qu'en matière de contrat direct il y ait lieu à courtages ou bonifications ou encore à remise d'une couverture, il faut une stipulation expresse des conventions.

Une référence générale aux usages de la Bourse serait insuffisante.

Dans une convention on a beau se référer en bloc aux usages de la Bourse, cela ne peut faire que des usages tenant à la qualité d'intermédiaire puissent s'appliquer de plein droit au banquier qui abdique ce rôle de mandataire pour prendre celui de contractant direct. Ainsi en est-il des courtages et il en doit être nécessairement de même de la couverture.

L'adaptation au contrat direct, par une clause expresse, d'un usage ou procédé déterminé de la Bourse, n'a rien en principe d'impossible. « Si, en effet, a dit notamment M. l'avocat général Feuilloley, à propos du report, le contrat direct est chose licite lorsqu'il est fait en connaissance de cause, il n'y a aucune raison pour que les échéances des comptes résultant des opérations, ne puissent pas être, elles aussi, prorogées au moyen d'un contrat direct. Il faut, mais il suffit, qu'il y ait eu accord à cet effet entre les parties. » C'est en ce sens que s'est prononcée la Chambre des requêtes, le 2 mai 1912 (*G. P.*, 1912, 1, 567), alors qu'il s'agissait d'un accord exprès.

Mais, à mon sens, la référence pure et simple aux usages ne saurait comporter l'extension implicite aux relations de contractants directs, c'est-à-dire de vendeur et acheteur, d'usages qui puisent leur raison d'être dans la situation tout autre d'intermédiaire.

En d'autres termes, on doit, par exemple, reconnaître que, dans le silence de la convention, la couverture, garantie faite pour les intermédiaires, ne se comprendrait pas entre parties traitant directement comme acheteur et vendeur.

Si, donc, avec une convention incertaine dans son caractère ou seulement sur sa persistance entre les parties, il a été fourni une couverture, c'est que le donneur d'ordres a compris qu'il avait, sous sa direction et pour exécuter ses ordres, un mandataire et non en face de lui un partenaire de ses spéculations.

A elle seule et à défaut de précisions des conventions, la couverture contredit l'interprétation d'une entente de contrat direct.

En définitive, le contrat direct est licite mais il ne peut se présumer car il est contraire aux relations normales entre banquier et donneur d'ordres.

Il ne peut se présumer, c'est-à-dire que, non seulement, il doit être prouvé de façon indiscutable comme toute exception à une règle, mais qu'en outre, même en présence d'une entente pour opérer par contrat direct, les parties doivent être considérées comme s'en étant tenues ou comme étant revenues, en fait, au principe du contrat de mandat alors qu'elles se sont livrées à des actes en eux-mêmes inconciliables, à défaut de stipulation contraire, avec le contrat direct, tel, à titre d'exemple, que la remise d'une couverture.

Il en est surtout ainsi quand le consentement du client au contrat direct est resté problématique du fait de l'ambiguité des conventions elles-mêmes.

Vainement le banquier oppose les termes de ses avis

d'opéré, lesquels peuvent d'autant moins imposer au réceptionnaire l'idée du contrat direct qu'ils contiennent en général la référence trompeuse à des « ordres », c'est-à-dire à des manifestations des relations ordinaires de mandat et qu'ils consistent, en tout cas, presque toujours, en des formules imprimées pouvant paraître établies à l'avance pour des situations tout autres.

Il y a longtemps que les tribunaux ont fait justice des formules : « Vous nous avez acheté... Vous nous avez vendu. » Ce libellé, lit-on notamment dans un jugement du Tribunal de commerce de la Seine, en date du 12 décembre 1900 (*G. P.*, 1901, 1, 362), ne fait pas obstacle à ce qu'il soit constaté que le coulissier n'était mis en œuvre que comme mandataire et non comme vendeur et acheteur direct.

Le 7 mars 1906 (*La Loi*, n° du 9 mai 1906), le Tribunal de commerce de la Seine a jugé que la convention intervenue entre un client et un banquier ne peut s'interpréter dans le sens d'un contrat direct qu'autant qu'il résulte de l'esprit même de la convention plutôt que de la lettre, que le client a entendu expressément autoriser le banquier à faire la contre-partie.

La Cour de Douai a jugé, le 19 juillet 1910 (*G. P.*, 1910, 2, 523), que l'emploi de termes caractéristiques du contrat direct dans les avis d'opéré tels que ceux-ci, « acheté ferme et à forfait », ne suffisent pas à établir que le client a connu la différence entre l'acte par lui ordonné et celui exécuté par le banquier, lorsque ce client n'est pas familier avec les choses de la Bourse et les formules qui y sont en usage.

Plus récemment, le 8 mars 1911, la 9e Chambre de la Cour d'appel (*G. P.*, 1911, 2, 109), en présence de formules imprimées, a jugé qu'il appartient aux juges d'interpréter les stipulations ambiguës ou douteuses d'un contrat, d'en déterminer le sens, la portée et les conséquences juridiques et de leur attribuer la qualification qu'elles doivent comporter. (Cet arrêt analysé ci-dessus au n° 20 a vu, dans les conventions qui lui étaient soumises, l'entente de contrat direct malgré l'existence d'une couverture, mais il a reconnu à celle-ci le caractère, non d'un paiement anticipé, malgré la formule imprimée du reçu, mais bien d'un nantissement ou garantie, et a, en conséquence, ordonné la restitution de ladite couverture.)

D'une façon générale, on doit dire, avec un arrêt de la Chambre des requêtes (30 juin 1909, *G. P.*, 1909, 2, 383), que le commissionnaire ne peut se constituer contre-partie de son commettant qu'en vertu d'un accord spécial qui l'y autorise; que cette règle s'applique notamment au coulissier chargé d'opérer sur les valeurs; qu'enfin en présence de formules qui, par leur ambiguité ou leurs contradictions, ne sont pas de nature à attirer l'attention, à éclairer le donneur d'ordres et à lui faire comprendre la portée de ce qu'on appelle le contrat direct, il appartient aux juges, appréciant l'ensemble des circonstances de la cause, de se prononcer pour le contrat d'entremise qu'est la règle en pareille matière.

De son côté, le Tribunal civil de la Seine a jugé, le 15 juin 1904 (*D.*, 1906, 2, 121), que la vente directe de valeurs mobilières ne peut avoir lieu en connaissance de cause qu'entre personnes parfaitement au courant des opérations de Bourse et qu'il y a lieu de présumer qu'une opération faite entre un banquier et un particulier est non une vente directe mais un mandat d'exécution en Bourse.

Enfin, une disposition législative récente (l'article

8, § 2 et 3 de la loi de finances du 27 février 1912), est intervenue pour les affaires de la Bourse du commerce, dans les termes suivants :

« Quiconque ne s'occupe pas professionnellement de l'achat ou de la vente des marchandises et denrées dont le trafic à livrer est réglementé dans les bourses de commerce, ne peut traiter des marchés à terme ou à livrer sur ces marchandises et denrées aux conditions des règlements établis dans lesdites bourses que par l'entremise d'un courtier ou d'un commissionnaire restant soumis aux obligations qui dérivent de sa qualité de mandataire.

« Toute opération d'achat ou de vente faite contrairement aux prescriptions du paragraphe précédent est nulle et ne peut engendrer aucun lien de droit. »

Le même sort paraîtrait devoir être réservé, dans un avenir prochain, au contrat direct sur valeurs non cotées.

25. — Un moyen d'ordre général pouvant être proposé en tout état de cause, à savoir le moyen ou exception de chose jugée, bien que n'ayant rien de spécial aux affaires de Bourse, nécessite ici quelques précisions.

Aux termes de l'article 1351 du Code civil, les décisions de justice ont autorité de chose jugée mettant obstacle à l'examen d'une demande identique, l'identité s'entendant de l'objet, de la cause et des parties.

L'autorité de la chose jugée n'a lieu qu'à l'égard de ce qui a fait l'objet du jugement. Il faut que la chose demandée soit la même, que la demande soit fondée sur la même cause, que la demande soit entre les mêmes parties et formée par elles et contre elles en la même qualité.

Ainsi s'exprime littéralement l'article 1351 du Code civil.

Pour déterminer l'identité d'objet, il faut rechercher quelle a été la contestation d'après les conclusions posées au premier comme au second procès : la chose demandée sera la même lorsque le second jugement, en le supposant conforme aux conclusions principales ou reconventionnelles des parties, détruirait le premier en tout ou sur certains chefs (*Dalloz*, 1911, 1, 105 ; dissertation Louis Guénée, n° 1 à 6).

L'autorité de la chose jugée est toute relative; de même que les effets des conventions se limitent aux parties contractantes (art. 1165 du Code civil), de même les effets du jugement sont bornés aux parties en cause. C'est ce qu'exprime l'adage latin : *Res inter alios acta vel judicata aliis nec nocere nec prodesse potest.*

L'autorité de la chose jugée ne peut ainsi avoir effet qu'entre les mêmes parties envisagées au point de vue, non de leur identité physique, mais de leur identité juridique; il faut, en un mot, que les parties aient personnellement figuré dans l'instance antérieure ou qu'elles y aient été représentées et qu'elles procèdent en la même qualité.

L'autorité de la chose jugée ne s'attache qu'aux décisions judiciaires tranchant, en matière contentieuse, une difficulté débattue entre les parties et intervenant en dernier ressort ou au dernier degré de juridiction, ou passées en force de chose irrévocablement jugée faute de recours dans les délais (*Dalloz*, 1910, 1, 301, notes 1 à 5).

La jurisprudence ajoute que le jugement a l'effet provisoire de la chose jugée, alors même qu'il est susceptible d'appel, tant qu'il n'a pas été attaqué par cette voie de recours (Cass. civ., 7 juillet 1890, *D.*, 1890, 1,

301 et sur renvoi Riom, 7 janvier 1891, *D.*, 1892, 2, 241), et même, d'après un autre arrêt (*Poitiers*, 3 mai 1886, *D.*, 1887, 2, 143-144), sans qu'on ait à examiner s'il est susceptible d'opposition ou d'appel, toujours tant qu'il n'a encore été l'objet d'aucun recours. En un mot, celui contre lequel a été rendu ce jugement ne saurait, en l'état, élever en justice une prétention contraire.

Il faut, cependant, que le jugement ait été signifié (arrêt de Poitiers qui vient d'être cité) ou que, tout au moins, il en soit représenté une expédition ou copie authentique (Civ., 16 mai 1836, *Dalloz, Rep.* au mot *Chose jugée*, n° 123).

L'opposition (Req., 22 février 1830 et 29 août 1852, *Dalloz, Rep. Chose jugée*, n° 52, 3° et 4°), ou l'appel (*Dalloz*, même passage, n° 54 et Cass. civ., 30 avril 1906, 2ᵉ aff., *D.*, 1906, 1, 404), fait échec, tout au moins provisoirement, à l'effet de la chose jugée.

L'appel qui ne vise que certains chefs du jugement laisse leur portée aux autres chefs non frappés d'appel principal ou incident (notamment Civ., 14 juin 1876, *D.*, 1876, 1, 301 et Req., 25 nov. 1895, *D.*, 1896, 1, 37).

L'autorité de la chose jugée ne s'attache pas aux jugements préparatoires (Req., 20 juin 1902 et 30 mars 1904, *D.*, 1904, 1, 425 et 1905, 1, 363), ni même en principe aux jugements interlocutoires, car on sait que l'interlocutoire ne lie pas le juge (Cass. req., 28 mai 1900, *D.*, 1900, 1, 328; Cass. civ., 25 nov. 1907, *D.*, 1909, 1, 57; Cass. req., 23 nov. 1908, *D.*, 1912, 1, 217). Toutefois, l'autorité de la chose jugée est attribuée aux jugements interlocutoires relatifs à des bases de calcul, de compte ou de partage dont l'admission implique nécessairement une certaine solution sur le fond du litige, ainsi qu'aux jugements qui, en ordonnant la mesure interlocutoire telle qu'une expertise, tranchent définitivement les questions soulevées par les conclusions des parties touchant aux limites de la mission des experts (*D.*, 1873, 1, 486, note 1 à 4; Civ., 19 novembre 1888, *D.*, 1889, 1, 22; 28 déc. 1909, *D.*, 1911, 1, 316).

En principe, la chose jugée ne résulte pas des motifs, mais seulement du dispositif des jugements; toutefois, les motifs peuvent servir à éclairer le sens du dispositif et à en déterminer la portée (notamment, Cass. civ., 29 avril 1907, *D.*, 1909, 1, 499; Cass. req., 14 nov. 1911, *D.*, 1912, 1, 119).

La chose jugée peut résulter d'une décision implicite aussi bien que d'une décision expresse (Cass. civ., 12 juin 1907, *D.*, 1909, 1, 461). C'est ainsi que la chose jugée résulte d'une décision simplement implicite lorsque cette décision est une suite nécessaire d'une disposition expresse et que la question a été tranchée par le dispositif de la sentence et les motifs qui, s'y rattachant par un lien nécessaire, en constituent la base essentielle (Req., 28 avril 1909, *D.*, 1909, 1, 528).

Le caractère relatif de la chose jugée n'existe qu'en matière civile. La chose jugée en matière pénale fait autorité au civil à l'égard de tous, en ce sens que ce qui a été définitivement, certainement et nécessairement jugé par le juge répressif, notamment en matière criminelle ou correctionnelle, et dans la limite stricte de ce qui a pu ainsi être jugé, ne saurait, entre quelques parties que ce soit, être remis en question devant le juge civil (c'est-à-dire devant le juge non répressif, qu'il s'agisse d'un juge civil proprement dit ou d'un juge consulaire). On peut voir, à ce sujet, notamment, Cass, civ., 6 mai 1901 (*D.*, 1905, 1, 475);

28 avril 1903, 1re et 2e espèces (*D.*, 1903, 1, 414); 28 juin 1905 (*D.*, 1905, 1, 406); 27 mars 1906 (*D.*, 1907, 1, 230); 31 oct. 1906 (*D.*, 1910, 1, 510) et les renvois en note, notamment sous ces deux derniers arrêts.

L'arrêt de 1905 ajoute que la juridiction civile est liée, non seulement par le dispositif des décisions correctionnelles, mais même par ceux de leurs motifs qui en sont le soutien nécessaire.

Ainsi qu'il est expliqué par M. le professeur Planiol, dans sa dissertation dans *D.*, 1907, 1, 201, note 1, si grande qu'elle soit, l'influence que la chose jugée au criminel exerce sur le civil a des limites variables. Le plus souvent, il reste possible de prononcer une condamnation au civil sans contredire la sentence d'acquittement rendue au criminel, à raison de la différence d'objet et de point de vue qui existe entre les deux législations. Spécialement pour les inculpations de vol ou de délits analogues au vol, comme l'escroquerie et l'abus de confiance, l'acquittement n'équivaut pas du tout à la reconnaissance du droit de propriété au profit de l'inculpé, ni à la suppression pour les tiers de toute action contre lui; s'il n'est pas coupable d'un délit caractérisé, il peut tout au moins être en possession de la chose d'autrui et obligé de la restituer. Ainsi un individu, accusé d'avoir détourné frauduleusement une somme d'argent qui lui avait été remise pour servir à un paiement déterminé, peut être actionné en qualité de mandataire comme détenteur de cette somme, bien qu'il ait bénéficié d'un verdict de non-culpabilité (Limoges, 22 juillet 1890, *D.*, 1891, 2, 351). Un acquittement prononcé du chef d'abus de confiance n'empêche pas de poursuivre au civil une action en reddition de comptes et en dommages-intérêts pour faute contractuelle (Req., 25 octobre 1892, *D.*, 1892, 1, 613).

Un individu acquitté du chef d'escroquerie, par ce motif que son intention frauduleuse n'est pas suffisamment établie, peut être condamné à des dommages-intérêts, comme ayant commis une faute en prêtant son concours à l'auteur de l'escroquerie (Req., 28 avril 1902, *D.*, 1903, 1, 575).

Le juge civil ne peut contredire ce qui a été décidé dans le cercle de ses pouvoirs par la juridiction répressive.

Ainsi, il ne peut méconnaître les causes nécessaires et immédiates d'un acquittement; mais il conserve son entière liberté dans l'appréciation des faits et des actes qui ont donné lieu aux poursuites, quand il s'agit de statuer sur des intérêts civils engagés. Spécialement, lorsqu'un individu poursuivi correctionnellement en qualité de mandataire aux fins d'une opération déterminée, a été acquitté en cette qualité, le juge civil, s'il est tenu de respecter la décision intervenue sur ce point précis, n'est pas lié par les considérations accessoires et nullement nécessaires que l'arrêt criminel peut contenir sur la question de propriété de la chose qui a fait l'objet du mandat. (Voir Grenoble, 26 juillet 1907, *D.*, 1909, 2, 331, et 14 juin 1910, *D.*, 1912, 2, 165, ainsi que les décisions citées en note.)

Si, dit de son côté la Cour de cassation (Req., 16 mai 1911, *G. P.*, 1911, 1, 738), le juge civil ne saurait méconnaître ce qui a été nécessairement décidé par une juridiction répressive, il n'en conserve pas moins son entière liberté d'appréciation, toutes les fois qu'il ne décide rien d'inconciliable avec ce qui a été jugé par la justice criminelle.

Il convient de noter que les tribunaux correctionnels ne connaissent des demandes civiles qu'en vertu de l'attribution spéciale de la loi, et qu'ils ne sont autorisés par les articles 1 et 3 du Code d'instruction criminelle à statuer sur la demande de la partie civile qu'autant qu'ils reconnaissent aux faits reprochés au prévenu et dont se plaint la partie civile, le caractère d'un délit (Cass., 20 mars 1903, *D.*, 1906, 1, 427; 19 novembre 1903, *D.*, 1906, 1, 431; 28 avril 1906, *D.*, 1906, 1, 456; 8 oct. 1906, *D.*, 1908, 1, 142; 31 déc. 1910, *G. P.*, 1911, 1, 609).

Ce dernier arrêt a décidé qu'en cas d'acquittement, l'incompétence de la juridiction correctionnelle relativement aux intérêts civils des parties s'étend même aux mesures purement conservatoires qui pourraient être ordonnées pour la sauvegarde de leurs droits. Spécialement, doit être cassé l'arrêt qui, prononçant l'acquittement du prévenu poursuivi pour abus de confiance à raison de billets, ordonne le dépôt de ces billets aux mains d'un séquestre.

Pour la mise en œuvre de l'exception de chose jugée, il faut, d'ailleurs, que le jugement soit produit (Req., 31 mars 1874, *D.*, 1875, 1, 229; 30 janvier 1893, *D.*, 1893, 1, 224; Civ., 16 déc. 1891, *D.*, 1892, 1, 67), ou, tout au moins, ajoute l'arrêt de 1891, que la date et les éléments en soient indiqués.

S'agissant, dit l'arrêt de 1874, d'un jugement correctionnel, il faut qu'il soit produit, d'autant plus qu'en cas d'acquittement tout au moins il est toujours nécessaire de consulter les motifs; l'acquittement, en effet, tout en écartant l'imputation délictueuse, a pu laisser subsister le fait sur lequel est basée la demande civile.

Tandis qu'en matière civile, le moyen tiré de l'autorité de la chose jugée n'est pas d'ordre public, de telle sorte qu'il ne peut être ni appliqué d'office par le juge ni présenté pour la première fois devant la Cour de cassation (notamment Cass. civ., 26 août 1861, *D.*,

1861, 1, 427; Cass. req., 11 nov. 1907, *D.*, 1908, 1, 63;
2 juin 1908, *D.*, 1908, 1, 475), il en est tout autrement
en matière répressive; l'exception est, en ce cas, d'ordre
public et peut être invoquée en tout état de cause et
même suppléée d'office (Cass. crim., 5 juillet 1907,
D., 1909, 1, 542).

Quant aux ordonnances et arrêts de non-lieu, bien
que faisant, tout au moins provisoirement, échec à la
reprise des poursuites répressives (Cass. crim., 16 août
1877, *D.*, 1879, 1, 238; 5 juillet 1907, *D.*, 1909, 1, 542),
ces décisions sont considérées comme sans influence
possible au civil.

On peut voir notamment à ce sujet : Civ., 19 mars
1860 (*D.*, 1860, 1, 135); Req., 1er juin 1867 (*D.*, 1868,
1, 17); Civ., 12 déc. 1877 (*D.*, 1879, 1, 476); Req., 31
mars 1885 (*D.*, 1885, 1, 188); Req., 2 mai 1899 (*D.*,
1899, 1, 280); Civ., 26 juillet 1904 (*D.*, 1904 ,1, 472 et
G. P., 1904, 2, 344); Req., 28 avril 1909 (*D.*, 1909,
1, 311), et 29 décembre 1909, 1re espèce (*D.*, 1912, 1,
177).

Parmi ces décisions, les plus topiques paraissent être
celles de 1877 et de 1885.

Arrêt de 1877 : « L'ordonnance de non-lieu fondée
sur ce que l'inculpation n'est pas suffisamment établie,
statue uniquement sur la criminalité du fait et sur la
culpabilité de l'inculpé. En conséquence, cette décision
n'exclut pas l'existence d'une faute ou d'un quasi-délit
pouvant servir de base à une action civile. Il n'importe pas, d'ailleurs, que la partie lésée se soit portée
partie civile dans l'instruction criminelle ni qu'elle ait
négligé de former opposition à ladite ordonnance de
non-lieu. »

Arrêt de 1885 : « Les ordonnances de non-lieu du juge
d'instruction étant susceptibles d'être rétractées par

charges nouvelles et ne constituant, dès lors, que des décisions provisoires, ne peuvent exercer sur le civil l'influence de la chose jugée, à ce point que les faits déclarés non prouvés par une ordonnance de non-lieu ne doivent pas nécessairement être tenus pour tels par les tribunaux civils. »

Il se peut que la partie lésée, sans s'arrêter à l'ordonnance de non-lieu, procède par voie de citation directe et que le tribunal, à défaut de charges nouvelles, s'incline devant l'ordonnance de non lieu, dont l'autorité, toute provisoire qu'elle est, s'impose en l'état tout à la fois au ministère public et à la partie lésée elle-même, en tant que celle-ci s'adresse à la juridiction répressive, laquelle ne saurait connaître de l'action civile que concurremment à l'action publique. La décision du tribunal écartant, en pareille circonstance, l'action du plaignant n'aura pas d'autre portée que celle d'une non-recevabilité au criminel et ne saurait en rien influer sur le civil.

Qu'on suppose que des valeurs, des espèces ou objets quelconques, aient été consignés au greffe correctionnel à l'occasion de la poursuite et qu'une opposition plus ou moins régulière ait été pratiquée sur ce dépôt par le plaignant. Le fait que le greffe ne se dessaisirait qu'à la suite d'une ordonnance de référé visant le non-lieu, ne saurait constituer un élément de chose jugée. En effet, les ordonnances de référé, par cela même qu'elles ne statuent que par provision en réservant le fond ne sauraient avoir pour le juge du principal l'autorité de la chose jugée (Cass. civ., 28 juin 1892, *D.*, 1892, 1, 378; Req., 7 novembre 1899, *D.*, 1899, 1, 564; Paris, 3ᵉ Ch., 23 novembre 1906, *Droit Financier*, 1908, 420).

A la chose jugée et au non-lieu se rattache une question de preuve qui présente une grande importance.

Le juge civil (le mot « civil » étant toujours pris ici par opposition à « répressif ») peut incontestablement puiser des éléments d'appréciation et de preuve dans une procédure répressive (Civ., 22 février 1876, *Dalloz, Supplément au Répertoire*, au mot *Oblig.*, n° 2050; Civ., 29 novembre 1893, *D.*, 1894, 1, 351; Req., 28 juillet 1896, *D.*, 1897, 1, 148), et ce, alors même que celle-ci se serait terminée par un non-lieu (Req., 10 avril 1876, *D.*, 1876, 1, 391; 3 janvier 1888, *D.*, 1888, 1, 57; Orléans, 21 juillet 1888, *D.*, 1890, 2, 9 et la note de M. le professeur Glasson). En matière civile proprement dite (en prenant ici le mot par opposition à commercialité), le juge a le droit de se renseigner ainsi lorsque la preuve peut se faire par présomptions aux termes de l'article 1353 du Code civil; quant au juge consulaire il a toujours cette faculté, à raison de la liberté illimitée de la preuve en matière commerciale.

Toutefois, pour le juge commercial comme pour le juge civil, la mise en œuvre de cette preuve est soumise à deux conditions essentielles.

D'une part, suivant un principe général, cette preuve, comme toutes les autres, doit être produite et examinée contradictoirement (notamment Cass., 6 février 1894, *D.*, 1894, 1, 271 et 22 février 1897, *D.*, 1898, 1, 114 avec les renvois).

D'autre part, il convient de remarquer que, même depuis les modifications apportées à l'instruction préalable par la loi du 8 décembre 1897, c'est un principe d'ordre public que la procédure d'une instruction criminelle doit rester secrète, du moins tant qu'elle n'a pas abouti à un débat public.

Dès lors, lorsqu'une ordonnance de non-lieu a clos une information, nul ne peut se servir des renseignements qu'elle contient à moins que le secret de la procédure criminelle n'ait cessé en fait d'exister (Req., 10 avril 1876 et 3 janvier 1888, ainsi qu'Orléans, 21 juillet 1888 précités), ou que les parties aient, chacune de son côté et sans contestation, fait usage des documents résultant de l'instruction criminelle (Nancy, 21 juin 1844, *Dalloz, Répertoire* au mot *Arbitre*, n° 1047), ou bien que leur consentement à la communication ait été fourni, fût-ce même implicitement, ainsi qu'il ressortirait suffisamment des énonciations de la décision constatant que cette procédure a été versée aux débats et soumise à la discussion des parties (Req., 27 janvier 1909, *D.*, 1909, 1, 120).

Il a été jugé que les juges civils ne peuvent pas ordonner la communication à l'une des parties, même sur sa demande, des pièces de l'information criminelle qui a été dirigée contre elle et qui a été terminée par une procédure de non-lieu (Grenoble, 5 juin 1888, *Dalloz, Supplément au Répertoire* au mot *Preuve*, n° 47); qu'un tribunal ne peut, pour débouter une partie de sa demande, prendre pour base de sa décision les pièces d'une information correctionnelle dirigée contre cette partie et clôturée par une ordonnance de non-lieu, alors qu'il n'est pas constaté que cette procédure ait été communiquée aux juges du consentement de la partie qui avait intérêt à la garder secrète, ni qu'elle ait été versée dans un débat contradictoire (Civ., 29 juillet 1903, *D.*, 1903, 1, 448); que les juges civils, saisis d'une action en dommages-intérêts ne peuvent, pour établir le fait dommageable, se servir du dossier d'une procédure correctionnelle ayant abouti à un non-lieu, en faveur du défendeur alors que celui-ci se refuse à ce que cette procédure soit versée aux débats (Orléans, 31 janvier 1908, *D.*, 1908, 2, 85).

26. — Le litige que soulève la vérification d'un compte de Bourse, s'il n'a été déjà jugé, peut être en train de se juger ou de s'instruire soit devant une autre juridiction civile ou commerciale, soit devant la justice répressive.

Le premier cas pourra donner lieu aux exceptions de litispendance et de connexité, pour lesquelles il n'y a qu'à se référer à l'article 171 du Code de procédure civile, et à ses commentaires de doctrine et de jurisprudence.

Au sujet du second cas, il convient de remarquer que les opérations de Bourse, comme tous actes, en eux-mêmes civilement licites ou non, peuvent être l'occasion d'infractions pénales, soit d'ordre spécial comme l'immixtion dans les fonctions d'agent de change et la tenue d'assemblées prohibées, soit de nature générale comme l'escroquerie ou l'abus de confiance ; si les unes dérivent avant tout et nécessairement de la violation de prescriptions particulières aux opérations de Bourse, pour les autres, le côté technique, quoique moins directement intéressé, n'y est cependant pas complètement étranger.

Il n'y a pas lieu d'insister ici sur cette considération dont le développement conduirait à un examen assez long de l'évolution actuelle de la jurisprudence répressive en matière de Bourse, et, pour ne pas sortir du sujet, il convient seulement de signaler que le caractère délictuel qui peut affecter, en certains cas, les opérations, est de nature à paralyser, tout au moins provisoirement, la vérification civile ou commerciale du compte de Bourse, et ce du fait de la mise en œuvre, avec les tempéraments qu'elles comportent, des règles législatives ou jurisprudentielles que « le criminel tient le civil en état », et que « une juridiction étant choisie, *electa una via*, on ne peut recourir à une autre ».

Enfin, en terminant, il y a lieu d'indiquer qu'il se pourrait qu'une question de prescription se soulève, soit qu'il s'agisse des prescriptions ordinaires de trente ans et de cinq ans (art. 2262 et 2277 Code civil, sauf application de l'art. 1996 ; voir les commentaires, notamment Guillouard, *Traité du mandat*, nᵒˢ 143, 147, 158 et 172), soit qu'il s'agisse de la prescription de dix ans des nullités relatives des contrats (art. 1304 du Code civil), ou encore de la prescription du Code d'instruction criminelle (art. 2 et art. 637 et suiv.).

A ce sujet, il suffit de se reporter aux susdits articles et à leurs commentaires de doctrine et de jurisprudence.

Aux termes des articles 637, 638 et 640 du Code d'instruction criminelle, l'action publique et l'action civile se prescrivent par le même laps de temps, soit dix ans pour un crime, trois ans s'il s'agit d'un délit, un an pour une contravention.

Autrement dit, l'action civile en réparation du préjudice causé par un fait criminel ou délictueux, ou contraventionnel, se prescrit en même temps que l'action tendant à l'application des peines encourues.

Il en est ainsi soit qu'on exerce l'action civile devant les tribunaux de répression, accessoirement à l'action publique, ou qu'on la porte séparément devant un tribunal civil ou de commerce.

Mais — il ne faut pas oublier ce correctif essentiel — la confusion des deux prescriptions en une seule, n'existe qu'autant que l'action civile en dommages-intérêts a exclusivement pour base une infraction à la loi pénale. Lorsque, au contraire, le préjudice dont la réparation est poursuivie devant la juridiction civile ou consulaire résulte d'un fait qui, tout en étant puni comme crime, délit ou contravention, constitue, en même temps, la violation d'un contrat ou d'une disposition des lois civiles ou de commerce, la prescription applicable est alors celle du droit commun; il en est de même, si, au lieu d'une indemnité de dommage, on requiert l'exécution de prérogatives concédées par la loi ou dérivant d'un contrat, comme il arrive, par exemple, pour le mandat d'opérations de Bourse.

C'est un point de doctrine et de jurisprudence des mieux établis et sur lequel on peut voir notamment parmi les plus récentes décisions de la Cour suprême, Req., 2 février 1910 (*D.*, 1910, 1, 72), et Civ., 18 octobre 1910 (*D.*, 1910, 1, 234).

27. — Nous arrêterons là notre étude des principaux obstacles à la vérification des comptes de Bourse sans qu'il soit besoin de plus amples développements, ni d'une longue conclusion.

Le maniement des litiges de Bourse, dont j'ai essayé de donner le reflet par ce travail de synthèse pratique, impose peu à peu cette conviction que les obstacles à la vérification sont presque toujours factices et ne résistent pas au rappel des principes inviolables du droit et à un minutieux examen des faits et circonstances qui entourent les conventions et les éclairent.

La vérification de la réalité et de la régularité des opérations, dans leurs éléments intrinsèques et non pas seulement dans les résultats mathématiques qu'elles accusent, est de la nature et de l'essence du contrat ordinaire de Bourse, de telle sorte que la méconnaissance de cette nécessité qui constitue une loi supérieure aux volontés et aux intérêts n'arrive la plupart du temps à dessaisir les juridictions civiles et commerciales que pour préparer la mise en œuvre de la justice répressive.

TABLE DES MATIÈRES

Pages

Poitiers. — Imprimerie M. BOUSREZ.

PRINCIPAUX OUVRAGES DU MÊME AUTEUR

Traité théorique et pratique de la réversion entre époux. — Arthur Rousseau, éditeur. — *Ouvrage couronné par la Faculté de droit de Paris. (Médaille d'or).* — 1 vol. in-8°...................... **4 fr.**

Essai d'une théorie sur les substitutions fidéicommissaires (*De la nécessité de supprimer l'article 896 du Code civil*). — Arthur Rousseau, éditeur. — Voir, notamment, l'examen de cette théorie dans Dalloz, *Supplément au Répertoire,* au mot *Substitutions.* — 1 vol. in-8°............................. **3 fr.**

Examen pratique de la législation et de la jurisprudence en matière de nantissement de fonds de commerce. — Deuxième édition. — Imprimerie de *Suresnes.* — (Publications du *Bulletin mensuel de Législation et de Jurisprudence commerciale et industrielle.*) .... Epuisé.

Poitiers. — Imprimerie M. Bousrez.

www.ingramcontent.com/pod-product-compliance
Ingram Content Group UK Ltd.
Pitfield, Milton Keynes, MK11 3LW, UK
UKHW020928140726
13695UKWH00003B/1033